ARTUR ROJEK

Inaczej

rozmawia
Aleksandra Klich

Redakcja: Paweł Goźliński

Korekta: Redaktornia.com

Koordynacja projektu, fotoedycja: Joanna Cieślewska

Projekt okładki i makiety: Jurek Gruchot, Wojtek Koss/Full Metal Jacket

Skład: ProDesGraf

Zdjęcie na okładce: Anna Włoch

Przygotowanie zdjęć do druku: Katarzyna Stachacz

Zdjęcia w książce: archiwum Artura Rojka, Bartłomiej Barczyk/Agencja Gazeta, Bartosz Bobkowski/Agencja Gazeta, Arkadiusz Ścichocki/Agencja Gazeta, Grzegorz Celejewski/Agencja Gazeta, Tricolors/East News, Marcin Giżycki, Marcin Rutkiewicz/Reporter, Wojciech Olszanka/East News, Jacek Kowalczyk, Anna Smolik, Michał Braum, Marta Błażejewska/Agencja Gazeta, Jacek Poremba

WYDAWCY:

AGORA

ul. Czerska 8/10,
00-732 Warszawa

KAYAX MUSIC

Kayax Production & Publishing Sp. z o.o.
ul. Obrońców 2B, 03-933 Warszawa
Tel. +48 22 617 11 37

www.kayax.net
www.kayax.net/sklep

Manager Artura Rojka: Sylwia Smoczyńska, sylwia@kayax.net

Warszawa 2015
ISBN: 978-83-268-2314-5
Druk: Drukarnia Perfekt

ARTUR ROJEK

Inaczej

rozmawia
Aleksandra Klich

Konin - Polska
06 - 12 - 2015

Dla kochaniutkiej, malutkiej
rybeńki z okazji Mikołajek
Artur Rojek się kłania

1. BEKSA

Nie wierzę w sztuczny
świat, w którym wszystko
zamienia się w sukces.
Pompujesz się w górę,
na sam szczyt, a potem
upadasz.

Skąd wytrzasnąłeś tę beksę?
Już nie pamiętam.

Prawie zapomniane słowo.
Jak już się pojawiła, to się wystraszyłem, że nie mogę jej śpiewać. Bo będą się śmiać: „Rojek beksa, Rojek beksa". Jeden kumpel mi nawet powiedział, że powinienem śpiewać „bestia".

W latach dziewięćdziesiątych wytwórnia SUB POP odpowiedzialna za wykreowanie nurtu grunge nazywała swoich fanów *dear losers*, my i wy jesteśmy straceni. I co ja teraz powiem ludziom, ja i wy jesteśmy beksy? Płaczliwe dzieciaki, które noszą w sobie dzieciństwo, cierpią gnane wspomnieniami?

***Beksę* można było jednak usłyszeć w mediach jako pierwszy kawałek z twojej pierwszej solowej płyty *Składam się z ciągłych powtórzeń*.**
Zależało mi, żeby ją, a nie popowe *Syreny*, wypuścić na początku, bo robi wrażenie innością, zaskakuje. Jest odjechana. Rytm trochę jak w walcu, tekst trochę wyśpiewany, trochę wykrzyczany, przekleństwa, dzieci, falset. Wszystko inaczej.

„Mam dosyć wspomnień, / że ktoś mnie goni, / że brak mi tchu" – tak się zaczyna.
To już nie „Światło, gwiazdki na pościeli / misie moje śpią na ziemi / milczą całą noc", które śpiewałem z Lenny

Valentino. To już nie dziecko, tylko dorosły człowiek, który widzi w sobie dziecko. I wie, co go ukształtowało. Że nie jest taki fajny, jaki chciałby być.

Dlatego „Z trudem ogarniam własny dom. / Mógłbyś zapamiętać mnie innego, mnie innego". Fajniejszego, odważniejszego, bardziej opiekuńczego ojca, męża?

Ale też wie, że pewne rzeczy już się nie odwrócą. Musisz żyć z tym, co w sobie nosisz. „Czego chciałaś, mamo / tego już nie zmienisz, / wszystko się już stało".

No, w dzisiejszej kulturze sukcesu to nie brzmi dobrze.

Ludzie nie potrzebują, żeby im mówić, że są przegrani. Nie powinienem śpiewać, że wszyscy jesteśmy w dupie – powtarzaliśmy sobie z Bartkiem Dziedzicem, producentem płyty. Powinienem śpiewać, że jesteśmy w dupie, ale zaraz wszystko się rozwiąże. Będzie dobrze. I taki komunikat wysyłam w refrenie, kiedy śpiewam „zachowaj resztę, wynoś się ze mnie". To jest bunt, przeciwstawienie się. Ale nie mówię o nadziei wprost.

Nie ma nadziei?

Czuję ją. Gdyby było inaczej, nie miałbym dzieci. Ale nie wierzę w sztuczny świat, w którym wszystko zamienia się w sukces. Irytuje mnie, gdy ktoś tego nie widzi. Gdy ktoś pyta: depresja? A co to jest depresja? Nigdy nie przeżyłem klinicznej depresji, ale bywało mi ciężko. Nie wierzę w świat bez cierpienia. Imponują mi mocni ludzie, ale poruszają mnie też słabsi. I wkurzają tacy, którzy wyczuwając słabość i wykorzystują ją w walce z drugim.

W życiu wszystko jest walką?
Dla mnie nie. Ale są ludzie, którzy na każdym kroku pokazują, że dokonują najlepszych wyborów, popisują się, że wygrali, są na samym szczycie. Albert Camus napisał o tym świetną książkę. *Upadek*. Im dłużej ją czytałem, tym bardziej byłem przerażony. Bo zobaczyłem w niej siebie. Nigdy nie zauważałem egoizmu w altruizmie. A tu czytam wstrząsające zdanie: „Moje ego było tak wielkie, że jak komuś upadła laska, to byłem pierwszy, żeby ją podnieść".

Pompujesz się w górę, na sam szczyt, a potem upadasz.

I zaczynasz nowe życie.
Nie wiem, czy zawsze da się ogarnąć. Pewnie zależy, skąd się leci.

Ty mogłeś polecieć, gdy odszedłeś z Myslovitz i postanowiłeś wydać własną płytę. To było ryzykowne.
Mam skłonność do ryzyka. Jakbym wiedział, co jest na końcu wielu moich projektów, ile mnie to będzie

kosztowało, to w wiele rzeczy bym nie wszedł. Ze strachu.

Czym ta płyta się różni od tego, co robiłeś do tej pory?

Jest zupełnie inna. To nie jest płyta zespołu gitarowego. Bardziej współczesna, z większą ilością elektroniki i tanecznych rytmów niż to, co robiłem z Myslovitz. Świadomie wybrałem na producenta Bartka, bo z jednej strony aranżuje płyty o popowym zacięciu, ale z drugiej ma doświadczenie z muzyką alternatywną. Mieliśmy wiele wątpliwości. Chcieliśmy zrobić bardzo dobrą płytę pop i przy okazji artystyczną. Podejrzewaliśmy jednak, że to może być zbyt ambitne i płyta wyląduje w szufladzie „alternatywa".

Wiedziałem, że piszę trudne teksty. Męczyłem się. *Beksę* pisałem trzy, cztery miesiące. Pisałem, skreślałem, pisałem, skreślałem. Bywało, że po drodze miałem chwilę takiego załamania, że chciałem rzucić tę robotę.

Bartek mi mówił, żebym był bardziej „hej do przodu", trochę cwaniak, a nie taki wycofany. Bo ludzie nie chcą słuchać piosenek o tym, że komuś coś się nie udało albo jest mu z czymś trudno. Ale choć sam wiedziałem, że ludzie czekają na coś lżejszego, poszedłem w swoją stronę, tak jak czułem.

Nie chciałeś robić nic wbrew sobie?

Może bym i potrafił, ale nie chciałem. Narzekaniem wykończyłbym siebie i wszystkich dookoła.

Gotowe kawałki dawałeś do posłuchania żonie?

Tak. I Ania stwierdziła, że za ciężkie.

Pierwsze reakcje ludzi nie dawały pewności, czy to, co zrobiliśmy, jest fajne. Jeden kolega pogratulował mi odwagi, w głosie drugiego nie usłyszałem entuzjazmu. Tylko Agnieszka Szydłowska z Trójki spontanicznie zachwyciła się, że płyta jest mega. Ale pewnie większość ludzi myślała, że Rojek nagra melancholijną płytę z folkowymi piosenkami, na gitarze akustycznej, a tu nie dość, że klnie i krzyczy, to jeszcze wpuścił elektronikę i jakieś dzieci. Gdy tak słuchałem tych różnych opinii, to martwiłem się, że chyba przesadziłem. I że to jednak niedobrze. Bo muzykę pisze się po to, żeby ludzie chcieli jej słuchać.

Gdy piosenki zaczęły lądować na pierwszych miejscach list przebojów, nie mogłem uwierzyć. Pierwszy raz w historii Listy Przebojów Trójki piosenka bez poczekalni wchodzi na szczyt. Było tak z *Beksą* i *Syrenami*. W pewnej chwili te moje dwa kawałki wymieniały się na pierwszych miejscach. *Czas, który pozostał* dotarł na trzecie miejsce.

Poczułem wtedy dumę, że nie zwątpiłem. Że zrobiłem to tak, jak chciałem.

2. HAK

Długo na pytanie:
„Co pan robi?”, wstydziłem
się odpowiedzieć:
„Jestem muzykiem”.
Mówiłem: „Nic nie robię,
gram”. Wolałbym
chyba odpowiedzieć:
„Jestem górnikiem”.

Jakie smaki pamiętasz z dzieciństwa?

W niedzielę był rosół, rolada, szare kluski i modro kapusta. W tygodniu rano babcia wołała: „smażonka ci zrobić?". Bo wiedziała, że lubię jajka. Robiła też kluski policajki. Kojarzysz? Takie wrzucane do gorącej wody. Lane albo kładzione. Lubiłem je z jajecznicą albo z białym serem i ze szpyrkom, czyli słoniną. A dziadek pachniał czosnkiem. Lubi go, bo zdrowy. Robił na nim zupę wodzionkę: woda, czosnek, chleb. Czosnkiem smarował też smażony na patelni chleb. Taka normalna śląska kuchnia.

Swoich synów katujesz wodzionką?

Nie, skąd, pewnie by nie zjedli. Ale lubię robić kanapki, jak babcia. Kroiła pajdę chleba na osiem części i przygotowywała takie maleńkie – z serkiem, szynką, pomidorem. To było coś zupełnie innego niż zwykła, na szybko przygotowywana sznita, czyli kromka z serem – dziadek mówił: „Zrobia ci sznita z czymś" – albo klapsznita, czyli złożone ze sobą dwie sznity do szkoły.

Kanapki wymagają czasu, spokoju, uwagi. Nie da się ich zrobić na szybko.

Mówisz gwarą?

Mówię, ale tylko w żartach. Ja jestem basztard, w rodzinie więc nie wszyscy mówili gwarą – nie zdążyłem nią przesiąknąć, żebym mówił nią na co dzień.

Basztard?
Nie wiesz, co to?

Nie.
Po śląsku krzyżówka szczygła z kanarkiem. Ktoś taki jak ja. Jestem mieszańcem: mama jest z Siemianowic na Śląsku, a ojciec to gorol, pochodzi z Jęzora po drugiej stronie mostu, czyli z Zagłębia. Kiedyś tym basztardem rozśmieszyłem Kazimierza Kutza na jego urodzinach.

Zresztą w czasach mojego dzieciństwa śląski był obciachem, kojarzył się z biedą. Jak ktoś mówił po polsku, miał szansę się z niej wyrwać. Mówiło się: wyrwać się z hasioków. Dziś to się zmieniło – *cool* jest poszukiwanie tożsamości, podkreślanie swojej odrębności, inności, także śląskiej. Młodzi ludzie noszą koszulki ze śląskimi hasłami, zakładają śląskie knajpy, odżywa Nikiszowiec – robotnicza dzielnica Katowic. To mi się podoba.

Twoja babcia była Ślązaczką?
Tak, całe życie pracowała w rejestracji przychodni górniczej przy kopalni Mysłowice. Miała na imię Gertruda. Mówili na nią Trudzia albo Trudka. Gdy z ciocią Elą Miś – ona też czasem się mną zajmowała – rozmawiały o jakichś sekretach nie dla dzieci, przechodziły na niemiecki. Babcia krótko mnie trzymała, była stanowcza, miała surowe zasady. Ciągle mi powtarzała: „Tylko uważaj, żebyś nie wylądował jak Zabłocki na mydle".

Nie wyszedł...

Babcia mówiła „wylądował".

Dziadek Lucjan był bardziej wyluzowany. Górnik, ale nie Ślązak. Pochodził z Wrzącej Wielkiej, wsi pod Kołem, to Poznańskie. Pracował w rzeźni, potem na dole, w kopalni. Tam stracił kciuk. W dzieciństwie miał dla mnie wyjątkowe znaczenie, bo w najbliższym otoczeniu był jedynym mężczyzną. Mieszkał bardzo blisko kopalni, miał ogródek, hodował gołębie, nutrie, króliki. Miał też świnie, ale rzeka Bolina stale wylewała, więc te świnie się topiły. Ciągle siedział w tym ogródku. Często ja z nim.

Jak dziadek stracił kciuk?

Mówił, że na taśmie i nie do końca mu go odcięło. Sam go oderwał i poszedł zszyć ranę do lekarza. Kiedyś, jak uwierała go sztuczna szczęka, to poszedł do ogródka, wyjął z szuflady pilnik i podpiłował ją sobie pilnikiem. Pasowała.

Przychodził po szychcie zmęczony?

Nie pamiętam. Gdy poszedł na emeryturę, byłem małym dzieckiem. Miał czterdzieści kilka lat.

Nie mówił ci, jak jest na dole?

Oprócz tego, że strasznie – nie.

Zjechałeś kiedyś na dół do kopalni?

Tak, osiem lat temu w katowickiej kopalni Wieczorek.

I było strasznie?

Tak.

Bo ciemno?

Nie, chodnik był oświetlony. Ale bardzo wąski, widziałem kombajn, który kuje ziemię. I wyobraziłem sobie, jak dzień w dzień ludzie zjeżdżają na dół i ładują węgiel na taśmę.

To okropna praca.

Wiedziałeś o tym, gdy byłeś dzieckiem?

Wtedy wiedziałem tylko, że jak człowiek pracuje, to pot musi się lać z czoła. Ale to była wiedza teoretyczna. Wszyscy moi koledzy i koleżanki mieli rodziców, którzy pracowali w kopalni – albo na dole, albo w administracji na powierzchni, albo w przychodni górniczej. Moja mama najpierw pracowała jako sprzedawczyni w sklepie, a potem trafiła do poradni górniczej jako rejestratorka; pracowała też na rentgenie.

Kopalnia Mysłowice, pod którą dorastałeś, to górnośląska legenda. W Mysłowicach w sierpniu 1919 roku Grenzschutz, czyli niemieckie bojówki, otworzył ogień do górników czekających na wypłatę pensji. I przez to wybuchło pierwsze powstanie śląskie. A ty w podstawówce pływałeś w klubie sportowym utrzymywanym przez tę kopalnię.

Kiedy byłem dzieckiem, nie miałem świadomości tych wszystkich kontekstów.

Ale faktycznie, wychowałem się pod kopalnią – nim wskoczyłem do wody w basenie, widziałem szyb i górników, którzy idą do roboty. Oni zresztą, żeby popływać, przychodzili w środy na tzw. górnicze godziny. Często pływał dyrektor kopalni, wtedy trzeba było dla niego zwolnić jeden tor.

Raz byłem nawet w cechowni. Pewnego dnia przed treningiem wpadł do nas jakiś facet i mówi, że potrzebuje dzieci do losowania samochodów. To były czasy, kiedy auta mogli kupić tylko ci, którzy dostali talony. Poszedłem z koleżanką Martą Niedzielą. Wokół nas stali ludzie niespokojni, czy staną się szczęśliwymi posiadaczami samochodu.

Wyciągaliśmy losy i odczytywaliśmy nazwisko i markę, na przykład: „Grenda – Łada". To był tata mojego kolegi z klubu. I tak za naszym pośrednictwem na człowieka spadało szczęście.

Cechownia wydawała mi się wtedy ogromna. Byłem tam niedawno i zdziwiłem się, że jest tak nieduża.

Dżałówa, czyli Marek Jałowiecki, lider zespołu General Stilwell, jedynej polskiej kapeli, której słuchałeś w latach osiemdziesiątych, pracuje jeszcze na kopalni?

To był fantastyczny zespół: grali brytyjską muzykę gitarową, o której istnieniu mało kto wtedy w Polsce miał pojęcie. Na ich koncerty przychodziły tłumy, ale tylko w Mysłowicach, poza naszym miastem nikt ich nie znał.

Jałowiecki to niezwykle inteligentny, oczytany człowiek. Erudyta literacki i muzyczny. Po szychcie w kopalni czytał, słuchał i grał. Pamiętam, gdy pierwszy raz zobaczyłem jego mieszkanie: okna zasłonięte, bo nie znosił słońca, półki zawalone książkami i płytami. Często wpadali do niego różni ludzie. Nagrywali, przegrywali, pożyczali, oddawali. Między innymi dzięki Generałowi utwierdziłem się w przekonaniu, że warto zająć się muzyką.

Ale nie, Dżałówa już się wyrwał z kopalni. Jest wychowawcą w przedszkolu.

Nigdy nie planowałeś zostać górnikiem?

Nie. Dziadek, jak tylko sobie wypił, to mi mówił: „Ty się ucz, skończ studia i zostań lekarzem, prawnikiem albo dziennikarzem. Byleś na kopalni nie wylądował". Tak często to powtarzał, że zrodziło się we mnie podświadome przekonanie, że nie wolno mi zostać górnikiem. I tak jak ambicjonalnie traktowałem pływanie, tak samo zakuwałem.

Dużo chłopaków z twojej klasy w podstawówce poszło na kopalnię?

Pewnie sporo. Gdy byłem w ogólniaku, jeden z nich, Irek Netreba, który pracował już na kopalni, nabijał się ze mnie, że po swojej szkole nie będę miał roboty, więc trzyma dla mnie na kopalni hak.

Hak?

Górnicy, nim zjadą na dół, do roboty, zostawiają swoje cywilne ubrania na specjalnych hakach, właściwie na łańcuchach. Gdy wracają, wieszają na nich swoje robocze ubrania. One wiszą wysoko i schną.

Żal ci było kiedyś tego haka?

Długo na pytanie: „Co pan robi?", wstydziłem się odpowiedzieć: „Jestem muzykiem". Mówiłem: „Nic nie robię, gram". Wolałbym chyba odpowiedzieć: „Jestem górnikiem".

3. UWAGA, JEDZIE TRAMWAJ

Lubiłem być z dziadkiem.
Wiesz, to tak, jak masz
obok siebie człowieka,
którego się nie boisz, nie
ma między wami dystansu,
czujesz dotyk jego ręki
na plecach, czujesz się
bezpieczny.

To Piosek. Właściwie Piasek, ale ludzie w Mysłowicach mówią Piosek. Dzielnica, w której się wychowałem. Zobacz, z prawej park, jedyny, jaki tu jest. Centrum, ulica Bytomska. Mieszkałem przy tej ulicy, tuż przy torach, po których przejeżdżał tramwaj numer 14.

* * *

Widzisz te dwa okna, gdzie jest monopolowy? Tam mieszkałem.

Mieszkanie? Wyglądało normalnie, jak większość w Mysłowicach: przedpokój, ogromna – tak ją zapamiętałem – kuchnia z piecem na węgiel i kredensem, stół pod oknem i leżanka, która wyglądała jak szezlong, ale wszyscy mówili na to leżanka; przed nią stał telewizor. Z tego – kuchnia wydzielona płytami pilśniowymi. Drugie pomieszczenie, duży pokój, było podzielone na pół – w jednej części był gościnny z oknem, w drugiej sypialnia.

A pod kuchnią była komórka, do której zsypywano węgiel. No tak, w podłodze była dziura, dziadek ją zrobił, żeby mógł bezpośrednio z kuchni schodzić do piwniczki i ten węgiel wynosić, bo zrzucał go przez okienko od strony ulicy.

Jak byłem mały, dziadkowie po wieczorynce wysyłali mnie do spania, ale ja strasznie chciałem oglądać z nimi filmy. Kręciły mnie historie, obrazy, ludzie. Dostawałem dreszczy, gdy słyszałem ryk lwa, tego z czołówek filmów wytwórni Metro-Goldwyn-Mayer. Wtedy wiedziałem, że to będzie zajebisty film, amerykański: western albo kryminał. Ale czterema pancernymi i psem Cywilem też nie gardziłem. Uwielbiałem filmy o kapitanie Jacques'u Cousteau, był czas, gdy chciałem zostać archeologiem podwodnym, żeby jeździć po świecie i z głębin oceanu wydobywać skarby.

Wychodziłem więc do kuchni i zza drzwi podglądałem, co dziadkowie oglądają. Jak mnie przyłapali, zawsze mogłem powiedzieć, że jestem głodny albo chce mi się pić.

Z babcią oglądaliśmy filmy, o których opowiadał pan w ciemnych okularach, czyli Stanisław Janicki, te z Charliem Chaplinem, Flipem i Flapem, Busterem Keatonem, Haroldem Lloydem. I *Świat się śmieje* – radziecką komedię, która nam się strasznie podobała; zaśmiewaliśmy się do łez. Przez długie lata uważałem, że to najlepsza komedia, jaką w życiu widziałem.

Uwielbiałem też Tarzana, chciałem być taki jak on: świetnie zbudowany, męski, dzielny, bohaterski. Choć wtedy nie wiedziałem, że pierwszego grał Johnny Weissmuller, jeden z najlepszych przed wojną pływaków na świecie, pierwszy, który na setkę kraulem zszedł poniżej minuty. Między innymi o nim napisałem swoją pracę magisterską na AWF-ie, o dziesięciu najlepszych pływakach XX wieku.

No i lubiłem delfina Uma, chyba głównie z powodu muzyki. Po latach dowiedziałem się, że jej autor, Michel Legrand, jest wujem Victorii Legrand, wokalistki znanego amerykańskiego zespołu alternatywnego Beach House, słynnym na świecie kompozytorem muzyki filmowej.

* * *

O, widzisz? Jedzie czternastka!

Nie, nie pamiętam, o której jechał pierwszy tramwaj. Przyzwyczaiłem się do tego stopnia, że go nie słyszałem. Nie budził mnie. Pamiętam tylko, że co piętnaście minut drżały wszystkie szklanki w kredensie.

Pytasz o to miejsce, w którym omal nie zginąłem? O ten moment, o którym napisałem piosenkę? To było tutaj, na wprost okien mieszkania. Wyskoczyłem z sieni, a samochód wyhamował w ostatnim momencie. Prababcia, która stała wtedy w oknie, zemdlała. Miałem cztery lata.

Tak, to stąd wzięła się piosenka *Lato '76* na mojej pierwszej solowej płycie: „Niewiele chciałem mieć. / Gdybyś nie zahamował, / nie byłoby mnie"...

Dziadek poszedł w stronę parku, a ja miałem iść z ciocią w inną stronę. Ale pobiegłem za dziadkiem, chciałem być z nim.

Czy był dla mnie ważny? Tak, jakoś tak. Lubiłem, jak opowiadał: o tym, jak się topił, jak miał pierwszy wypadek samochodowy, jak po wojnie w polskim wojsku walczył na wschodzie z UPA. Lubiłem z nim być, mieliśmy dobry kontakt fizyczny. Wiesz, to tak, jak masz obok siebie człowieka, którego się nie boisz, nie ma między wami dystansu, czujesz dotyk jego ręki na plecach, czujesz się bezpieczny. Tak miałem z dziadkiem. Teraz myślę, że był dla mnie lepszy niż dla swoich dzieci.

Tutaj uczyłem się jeździć na rowerze, tędy chodziłem do przedszkola. A tą drogą, obok małego kościoła, w którym byłem bierzmowany i do którego chodziliśmy na mszę w niedzielę, biegałem na basen. Pamiętam, że rano bywało zimno.

Popatrz w lewo, to poradnia górnicza, w której pracowały moja babcia i mama, potem przeniesiono ją w inne miejsce. O, zobacz, tam jest basen, te brudne okna to szatnie, gdzie się przebieraliśmy. A tu wejście. Teraz te budynki należą do jakiejś prywatnej spółki.

Tędy szedłem po treningu do szkoły. Nie, nie chodnikiem, tylko przez familoki. Na skróty. Wychodziłem z sieni w familoku na podwórku, wchodziłem w następną sień następnego familoka.

* * *

Chcesz się zatrzymać? Zaparkuję. To są ogródki działkowe, tutaj urzędował mój dziadek. Gdy kiedyś przywiozłem tu fotoreportera ze „Zwierciadła", to stanął na tej górce i mówi: „O kurwa, to wygląda jak slumsy w Rio". Przegiął? Że nie jest tak źle? No tak, teraz mamy wiosnę, lepiej to wszystko wygląda, kiedy kwitną drzewa.

Chcesz zobaczyć, gdzie dziadek miał działkę? Kiedyś inaczej wyglądały te ogródki. Górnicy urządzali je ze wszystkiego, co udało im się wynieść z kopalni, więc były pokazem umiejętności technicznych i plastycznych właścicieli. Dachy altanek były robione z gum. Ten domek był kiedyś pobiałkowany i ozdobiony postaciami z kreskówek Disneya. A to rzeczka Bolina, szkoda, że brzegi takie zaśmiecone.

O, tutaj był ogródek dziadka. Zupełnie inaczej wygląda, niż gdy byłem dzieckiem. Zobacz, ile tu budek dla gołębi. Dziadek też miał taką. Kiedy byłem mały, wszyscy żyli podobnie, wiadomo: rodzice na kopalni.

– O, dzień dobry. Schudł pan trochę. Czy poznałem, teraz – tak, jak się pan odezwał. Tak, no pewnie, pamiętam, że był pan sąsiadem dziadka. Bolinę zaczynają regulować, to dobrze, może przestanie wylewać. Dla pana też powodzenia, dużo zdrowia.

To moja podstawówka. A przy niej ten szary budynek to sala gimnastyczna i plac, na którym nauczyłem się jeździć na łyżwach. No, wszędzie miałem blisko.

Miałem kolegę, Jacek Sztocki się nazywał, przezywali go Memul, też przez pewien czas trenował pływanie, ale krótko. Kłócił się z bratem i chyba dźgnął go nożem, wylądował w więzieniu, a potem się zapił. Dużo miałem takich kumpli. Jak mnie spotkali, mówili: „Cześć, Artur, dorzuć na jabola z tej bogatej kapsy". Już fioletowi.

Dziś tu pewnie inni ludzie mieszkają. A ten budynek, zobacz, zanim przerobili go na szkołę, był w remoncie. I myśmy się gonili po jego dachach. Jak sobie pomyślę, co bym zrobił, gdybym mojego syna zobaczył ganiającego po takich dachach... To był cud, że wtedy żadnemu z nas nic się nie stało.

A to blok, do którego przenieśli się dziadek z babcią z Bytomskiej, z tego mieszkania przy torach. Stąd miałem jeszcze bliżej do szkoły i na basen. I tu mieszka mój dziadek; babcia już nie żyje.

* * *

Miałem rodzinę w Niemczech. Wyjechali po wojnie na niemieckich papierach.

Wujek Paweł, jak wyjechał, został Paulkiem. Odwiedzał nas z ciotką Bertą. Ona była bardziej Niemką, on bardziej Polakiem. Zapamiętałem go jako zabawnego, pozytywnego człowieka. Jedyny człowiek, jakiego znałem, który umiał tańczyć kazaczoka. Podczas II wojny światowej był na Wschodzie, jako Ślązaka wcielili go do niemieckiego wojska. Nie wiem, co tam robił, ale odznaczono go jako bohatera wojennego. Jak robił po pijaku burdy w niemieckich knajpach, to zawsze go wypuszczali. Bohatera nikt nie ważył się tknąć. Tak mi opowiadał dziadek, który go odwiedzał i razem pili. Czy to wszystko prawda, nie wiem.

A tu, na osiedlu Wielka Skotnica, spędzałem weekendy z mamą i jej drugim mężem – górnikiem, jak mój ojciec. Fajny człowiek, ale szybko umarł. Miał tylko czterdzieści dwa lata.

Tak, mama była z nim szczęśliwa. Żyłem z nimi na pół gwizdka, ciągle między dziadkami a mamą i jej mężem.

Choć mieszkałem na Skocie, nie byłem z niej. Byłem z Piosku, czyli jakoś obcy. A to dzielnica Ćmok, z tamtej strony jest las. Tu mieszka biegacz Janusz Kuczmierczyk. On mnie zaraził bieganiem. Moja mama mieszka w tym bloku, kiedyś częściej wyjeżdżała do swojego przyjaciela do Niemiec, ale teraz zwykle zostaje tutaj i pomaga nam z dziećmi, gotuje obiady. Jest dobrą babcią.

* * *

A to mural, który zrobił Wilhelm Sasnal podczas jednego z pierwszych OFF Festivali. MY to początek słowa Mysłowice, no i my – czyli wspólnota. I gałęzie – bez pączków i z kwiatami. Symbol odrodzenia.

Murale powstawały przy okazji wystaw, które podczas OFF-a robiłem z Sebastianem Cichockim, kuratorem. Poznałem go, gdy pracował w Galerii Kronika w Bytomiu. Wiedziałem, że szanuje sztukę, która angażuje się społecznie, zmienia rzeczywistość. Z propozycją współpracy zadzwoniłem do niego, gdy już pracował w Muzeum Sztuki Nowoczesnej w Warszawie. Zgodził się, zrobiliśmy razem dwie edycje OFF-a, ale nie szukałem specjalnie człowieka od sztuki zaangażowanej. Ktoś, kto znał i jego, i mnie, powiedział, że pasujemy do siebie. I się udało.

Bardzo dawno tu nie byłem. Mieszkam z tamtej strony, wschodniej, na przedmieściach pod lasem. Tam jest Brzezinka, Morgi, Brzęczkowice, Wesoła, Imielin. Tam się żyje całkiem inaczej niż tu, w centrum. Jak na wsi.

Dziś mam mało wspólnego z tym miastem oprócz tego, że w nim mieszkam i śpię. Nic tu już nie robię, nic mnie nie ciągnie. Rzadko bywam w centrum.

O, zobacz, urząd skarbowy, a tu była główna siedziba partii, jakiś miejski komitet. W tej kamienicy mieszkali bracia Kuderscy, moi kumple z Myslovitz, często tu bywałem. Tam, popatrz, tak zwany duży kościół, w którym szedłem do komunii.

Co to jest? No nie wiem, kiedyś tu był jakiś pomnik armii radzieckiej.

A w tym czerwonym budynku był młodzieżowy dom kultury, na jego ostatnim piętrze była sala prób, w której grał Generał Stilwell. Pamiętam szok, który przeżyłem, gdy zobaczyłem pierwszy raz Dżałówę na scenie. Wyglądał, jakby spadł do nas prosto z Manchesteru. To było prawie trzydzieści lat temu. O, a do tego budynku przeniesiono dom kultury. Trochę później, tutaj, w mikroskopijnej sali, graliśmy próby z Myslovitz, a potem zrobiłem tu płytę z Lenny Valentino. Jak się załatwiało takie próby? Prosto. Szło się do pani kierowniczki i mówiło, że się chce grać. Musiałem być bardzo przekonywający, bo po jednym spotkaniu dała mi klucz do sali. W niej kręciliśmy pierwszy teledysk Myslovitz.

* * *

Dojechaliśmy na tak zwaną promenadę. O, to, co widzisz przed parkiem, to przewiązka. W budynkach, które łączyła, od 1907 roku mieścił się międzynarodowy punkt emigracyjny. Stworzyli go pruscy urzędnicy – Mysłowice, które wcześniej przechodziły z rąk do rąk, należały do Prus od końca XVIII wieku – dla ludzi z Galicji, Węgier, Austrii, którzy chcieli emigrować do Ameryki. Najpierw stali w kolejkach za papierami, potem czekali na rejestrację, żeby wsiąść w końcu nieopodal do pociągów na stacji kolejowej. I często już nigdy nie wrócić do Europy. Brat dziadka mojej żony wyruszył stąd jako dziecko do Chicago.

To było znaczące miejsce, bo niedaleko stąd, u zbiegu Czarnej i Białej Przemszy, stykały się aż do pierwszej wojny światowej granice trzech państw, które rozebrały Polskę: Prus, Austro-Węgier i Rosji. Ludzie do dziś nazywają je Trójkątem Trzech Cesarzy.

OFF Festival miał tu krótko swoje biuro, ale nie było ogrzewania, więc marzliśmy i trzeba było się wynieść. A na dole było po wojnie więzienie. O, jedzie czternastka, zawija, chyba do zajezdni.

A te uśmiechnięte twarze na murze więzienia to kolejny mural z OFF Festivalu – Edwarda Dwurnika. Jest jeszcze mural Agaty Bogackiej, ale zniszczony.

Pytasz, czy kiedy zorganizowałem w Mysłowicach OFF Festival, to czułem, że zmieniam miasto? To była albo trzecia, albo czwarta edycja. Wymyśliliśmy instalacje w różnych miejscach. Goście chodzili po mieście z mapką i zaglądali w dziwne zakamarki, w których czekały na nich różne prezentacje artystyczne.

I pamiętam jedno miejsce, do którego w życiu bym dobrowolnie nie wszedł, nie wiedziałem nawet, że w moim mieście jest coś takiego – opuszczony sklep elektryczny w starym, zapuszczonym podwórku. A wewnątrz z jednej strony instalacja artysty, który wymyślił sobie własny kraj zaopatrzony we wszystko, co miało uwiarygodnić jego istnienie: mapy, książki, banknoty, alfabet, a z drugiej na ekranie leci w zwolnionym tempie film z zawodów air guitaringu na kole podbiegunowym, podczas których ludzie udają, że grają na gitarze.

A w środku stoi fotel.

Więc jak widziałem ludzi, którzy idą zafascynowani przez zapuszczone śląskie podwórko najpierw oglądać wymyślony kraj, a potem patrzeć, jak facet bez gitary udaje, że gra na gitarze, poczułem, że robimy jakieś megazajebiste rzeczy.

Zadzwoniłem do prezydenta i powiedziałem mu, żeby przyszedł zobaczyć, jak niewielkimi środkami zmieniliśmy to miasto. Właściwie nic nie zrobiliśmy, tylko powtykaliśmy w różne miejsca różne zaskakujące rzeczy i w taki sposób wywoływaliśmy reakcje ludzi, budziliśmy emocje. Wytrącaliśmy z codzienności, kazaliśmy zadawać pytania, myśleć. Nawet jeśli to było tylko pytanie: ja pierdolę, o co tutaj chodzi?

Pamiętam, jak dzień sztuki współczesnej zaczynaliśmy... od końca. Rozesłaliśmy wici, że spotykamy się na rynku w Mysłowicach. Przyszło z kilkadziesiąt osób. Przywitaliśmy wszystkich, zaprosiliśmy na otwarcie wystawy i zaprowadziliśmy na plac zabaw na osiedlu przy ulicy Kołłątaja. A tam stoją trzy dziesięciometrowe bloki przekrzywione z powodu szkód górniczych. To właśnie te, przy których stoimy.

Plac zabaw jest malusieńki, ledwo dwie huśtawki i piaskownica. Między nimi leżały litery przyczepione do balonów. Ludzie przecięli zamocowania i balony poleciały do góry, układając się w napis *The End*.

A na balkonach tych krzywych bloków stali ich mieszkańcy i patrzyli zdumieni, o co nam chodzi. Super, nie?

Ludziom, którzy przyjechali na festiwal z różnych miejsc w Polsce, spodobała się bardzo Słupna – kąpielisko z lat pięćdziesiątych, które wybrałem na miejsce festiwalu tylko dlatego, że lepszego nie było. Pamiętałem je z czasów dzieciństwa, potem, gdy zostałem na nim ratownikiem, złościłem się, że nikt o nie nie dba. A tu nagle okazało się, że to zniszczone miejsce ze starymi huśtawkami ma swój oldskulowy urok.

Wysłuchiwałem zdumiony zachwytów ludzi z Warszawy, Trójmiasta, Wrocławia, że tu wspaniale, zielono, można wypocząć. I w ogóle, że Mysłowice są takie *cool*. No i jeszcze to, że festiwal dawał im okazję poznania wielu ciekawych zespołów.

* * *

Widzisz, a teraz jesteśmy w parku. W dzieciństwie spędzałem w nim dużo czasu, kiedyś były tu baseny – jeden większy, drugi mniejszy, trzeci brodzik – i muszla koncertowa. I tu organizowano koncerty, pikniki z okazji Pierwszego Maja, były stragany, piwo. Całe miasto się schodziło, ludzie tańczyli na tym kółku, jeździłem na nim z kolegami na rowerze; widzisz je? Czy miałem pelikana, jak w piosence *Kot i pelikan*:

„Mimochodem czując, że / z każdym dniem mam coraz mniej. / Czas przemija, pamięć nie. / A gdy słyszę Franka płacz, / pelikanem mknę przez park. / Nie musisz trzymać, / jadę sam".

Nie, miałem wigry. Chyba – a może to był jeszcze inny model?

I tutaj, w tym parku, Myslovitz obchodziło swoje pięciolecie. Przyjechały między innymi Wilki, było mnóstwo ludzi, świetna zabawa. Ale wyłączyli nam prąd. No, normalnie, mieliśmy skończyć o dwudziestej drugiej, nie zdążyliśmy, to przyjechała straż miejska i nas wyłączyli.

Nie, nie przychodzę tutaj z synami – nie mieliby co robić, wszystko zniszczone. Wolę park Kościuszki albo park w Chorzowie.

Tak, byłem tam w dzieciństwie. Babcia z dziadkiem wzięli mnie kilka razy. Pamiętam młyńskie koło, tak wielkie, że aż strach. I kolejki, które wjeżdżały w ciemne tunele, i krzywe lustra.

Wesołe miasteczko zawsze mnie fascynowało: zrobiłem tam sesję fotograficzną z Lenny Valentino, tytuł piosenki *Karuzela, skutery, rodeo* wziąłem z jakiegoś hasła reklamowego, które tam wisiało.

„Wielki dzień, wszystkie dzieci cieszą się, / krzywe lustro straszy mnie, diabły taty boją się, bardzo boją. / Wielki dzień i wielka chwila, wrzawa śmiechów w lęk ukryła. / Pędzą mali na rowerach, pędzą mali w karuzelach".

Teraz, gdy jeżdżę do parku z synami, to z jednej strony cieszę się, że im się tam podoba, że samochodziki to duża frajda, że podobają im się karuzele, które pamiętają moje dzieciństwo, a z drugiej myślę sobie: Boże, jaka straszna bida.

Wszystko jakieś wyblakłe, bez radości, zmęczone, karuzeli raczej ubywa, niż przybywa, widać, że nie ma kasy. Podobnie w zoo.

A to przecież świetne miejsce, piękny, wspaniale położony park. Potrzeba tylko odważnych ludzi z wizją, no i kasą. Mam nadzieję, że to się zmieni.

* * *

Gdy byłem dzieckiem, lubiłem chodzić do kina. To były czasy *Godzilli* i *Wejścia smoka*, takich tłumów w kinie, jak na tych filmach, dziś nie zobaczysz. Kiedyś były w Mysłowicach dwa – Piast i Adria. Dziś nie ma żadnego, trzeba jeździć do Sosnowca, Katowic albo do Dąbrowy Górniczej.

Uwielbiałem filmy. Jak mama kupiła magnetowid, to każdej soboty szedłem na giełdę samochodową. Tam był teren wydzielony dla wielbicieli filmów. Niesamowity widok: wszyscy chodzili z pudełkami, w pudełku dziesięć kaset wideo. Na kasecie mieściły się dwa filmy, więc każdy miał po dwadzieścia. Jeden patrzył drugiemu przez ramię: co tam masz, a co chcesz za ten film? Wszystko odbywało się bez pieniędzy, czasem się trafiło na złą kopię, ale rzadko; ludzie dbali o swoją markę. Jeden koleś miał dużo kina artystycznego, ale ze mną raczej się nie wymieniał, bo rzadko miałem coś, co by go interesowało. Udawał, że jest znawcą.

Był też koleś, którego na co dzień spotykałem w autobusie; był kierowcą. Ale na giełdzie stawał się innym człowiekiem. Wszyscy chodzili z kasetami, on jeden stał, do nikogo nie podchodził, to jego się zagadywało. Miał aż cztery pudełka kaset, każda opisana na maszynie czarnym drukiem, na przykład: *Działa Navarony* – i rok produkcji 1961, film wojenny z udziałem: Gregory Peck, Anthony Quinn i tak dalej. Przy nowych filmach na czerwono: NOWOŚĆ.

Megaatrakcja. Podchodziłem do tego gościa, patrzyłem na te filmy, a on prawie zawsze patrzył w inną stronę, jakbym był powietrzem. Gdy w końcu zechciał spojrzeć na moje, rzucał: „Widziane". I to był znak, że trzeba podwinąć ogon pod siebie i odejść. Bez szans na wymianę.

Tych dwadzieścia zdobytych filmów przynosiłem w sobotę do domu i oglądałem je non stop; do środy miałem wszystko obejrzane. Prowadziłem zeszyt, w którym wpisywałem każdy tytuł filmu i oceniałem go od 1 do 10.

Dziś rzadko chodzę do kina, nie mam czasu. Oglądamy filmy w domu. Uwielbiam filmy. Od obrazów Asghara Farhadiego po komedie z Benem Stillerem.

* * *

Wczasy? W góry, w Beskidy. Z okazji Dnia Służby Zdrowia do Ustronia Jaszowca, do domu Gwarek, który należał wtedy do kopalni Mysłowice. Zimą i na letnie kolonie jeździłem do Milówki niedaleko Żywca. No i jak mama w 1982 roku wyszła drugi raz za mąż, to pojechałem z nimi do Łeby. Z tego wyjazdu pamiętam, że były mistrzostwa świata w piłce nożnej w Hiszpanii i oglądałem mecze.

Wiesz, myślę, że mógłbym mieszkać wszędzie, byle ze mną była moja rodzina. Nieważne, gdzie to będzie. No, może nie w Nowym Jorku – za wysokie budynki, za duży ruch.

Ale przez długi czas miałem potworną potrzebę wyemigrowania z kraju w miejsce, gdzie jest bezpiecznie, ciepło, nie trzeba się martwić o przyszłość. Gdzie jest ładnie, czyste powietrze i uśmiechnięci ludzie. Zaczęło się, gdy w 1987 roku wróciłem z krótkiego pobytu w Niemczech – tam właśnie było tak, jak myślałem, że jest w normalnym kraju – ale czekała mnie matura, więc nie było o czym mówić. Zdawałem jednak tę maturę, myśląc, że wyjadę. I zazdrościłem wszystkim kolegom, którym się to udało. Wydawało mi się, że tam wszystko będzie lepsze, bardziej kolorowe, z większymi możliwościami, pełne tej muzyki, o której marzyłem. To było bez sensu, bo przecież nie wiedziałem, jak żyje się za granicą, i szybko by się okazało, że jest równie ciężko jak tutaj.

Ale mam wielu znajomych po pięćdziesiątce, którzy zrobili w życiu mnóstwo fajnych rzeczy, ale gdy byli młodzi, to marzyli, żeby mieć domy we wszystkich miejscach, które im się spodobały na świecie. Byle się nie wiązać z jednym. Teraz wcale tych miejsc nie odwiedzają i nadal mieszkają w Polsce. Mnie nie było stać na myślenie o domach rozsianych po całym świecie, ale marzyłem, żeby znaleźć się w miejscu, w którym mógłbym sobie lepiej ułożyć przyszłość.

Do dzisiaj czasem myślę, czy powinienem tu być. Co by się zmieniło, gdybyśmy się przenieśli do Warszawy. Stałbym w korkach? Może. Na pewno w Warszawie tęskniłbym za spokojem Mysłowic. Ale będąc tutaj, tęsknię... no właśnie, nie wiem za czym. Pocieszam się, że zawsze mogę stąd wyjechać. I wrócić.

Ale nie mogę o sobie powiedzieć, że jestem zagorzałym śląskim patriotą, że Śląsk to mój heimat, powinien mieć autonomię i tym podobne rzeczy. Jestem stąd, bo tu się urodziłem, a zostałem, bo mogę jednocześnie tu żyć i pracować, gdzie chcę. Moja praca daje mi wolność. Także wolność od Mysłowic.

4. NA LINIE

Mam głęboką świadomość, że to, co jest dziś, zaraz zniknie, zmieni się, przeminie. Że się skończy, bo to tylko chwila. Muszę myśleć o czymś następnym.

Podobno bywasz dowcipnisiem.

Kiedyś bywałem częściej.

Dzwoniłem do któregoś z braci Kuderskich, zmieniałem głos i jako Tomasz Raczek umawiałem się z nim na wywiad. Potem szedłem do niego, a gdy otwierał mi drzwi, słyszałem: „Kurde, wiesz, kto do mnie zadzwonił, żeby umówić się na wywiad? Tomasz Raczek!".

Albo w hotelu dzwoniłem do chłopaków jako recepcjonista i prosiłem, żeby – nim się wymeldują – posprzątali pokoje, wyłączyli telewizory i znieśli do recepcji piloty do nich. I faktycznie, schodzili do recepcji jeden za drugim z pilotami – wtedy były jeszcze takie ogromne – w rękach. I dziwili się, dlaczego w takim niezłym hotelu trzeba po sobie sprzątać.

Najgorszy kawał, którego do dziś się wstydzę, zrobiłem Przemkowi Myszorowi. Gdy miał remont w domu, jego dość niemądry pies ugryzł jednego z robotników. Kiedy się o tym dowiedziałem, zadzwoniłem do Myszora z telefonu mojej mamy, przedstawiłem się jako szef tej ekipy i powiedziałem, że facet leży w szpitalu z podejrzeniem wścieklizny i żeby zadzwonił do żony kolesia, bo jest psychicznie zdewastowana. I podałem telefon mojej mamy.

I Myszor zadzwonił! Tak strasznie się kajał, że poczułem, że pojechałem po bandzie. Powiedziałem, że mąż lepiej się czuje i żeby Myszor tak bardzo się nie przejmował.

A on w tym czasie poszedł z żoną do weterynarza, bo się okazało, że pies nie był szczepiony, a weterynarz mu powiedział, że jeśli to prawda z tą wścieklizną, to zwierzę trzeba uśpić. Nie zdążyli, ale niewiele brakowało.

Spuścił cię ze schodów?

Zadzwonił do żony robotnika, mówi: „Przemysław Myszor, czy mąż się lepiej czuje?". A ja: „Przemek, tu Rojas". A on: „Słuuuuucham?". Oczywiście się obraził. Właściwie mu się nie dziwię.

Byli koledzy z zespołu mówią o tobie różne rzeczy, również miłe: „bardzo zdolny muzyk, świetny sportowiec, pracowity, zorganizowany, dąży do celu, oryginalny, zdolny, ambitny, składa piękne melodie, pisze fajne teksty, wrażliwy, charyzmatyczny, inteligentny". Ale Lala, czyli Wojtek Kuderski, perkusista Myslovitz, dodaje: „Nie odpoczywa". Naprawdę nie odpoczywasz?

Nie odpoczywam przed telewizorem. Biegam i dużo pracuję. Mam milion myśli na minutę... Bywa, że jestem niepoukładany. I jest we mnie niepokój, że może robię za mało.

Nawet gdy byłeś w Myslovitz, uciekałeś w różne własne projekty. Lenny Valentino, Smolik, felietony w gazetach, audycje w radiu. Strach przed poprzestawaniem na jednym?

Trochę skłonność do dywersyfikacji, ale zawsze w ramach muzyki. Trochę to mój niespokojny duch. Trochę instynkt, który mi podpowiadał, że nie mogę być tylko „tym kolesiem z Myslovitz".

Indywidualista?
Tak, zespół nie był moim naturalnym środowiskiem. Dzięki tej dywersyfikacji poczułem, że muzyka mnie nie zdradzi, że może być nie tylko moją pracą, ale i pasją.

Dom, koncerty, OFF Festival, pisanie, nagrywanie. Łapiesz wiele srok za ogon.
Gdy czuję, że coś mi się podoba, nie potrafię sobie tego odmówić. A potem się z tym męczę.

„Myśli trzy lata do przodu". To znów Lala o tobie.
No tak. Mam głęboką świadomość, że to, co jest dziś, zaraz zniknie, zmieni się, przeminie. Że się skończy, bo to tylko chwila. Muszę myśleć o czymś następnym.

I zostaniesz z niczym? Rodzaj zabezpieczenia? Zawsze musi być nowa idea, pomysł, sposób na siebie i pieniądze?
Muszę wychodzić do przodu. Z jednej strony to rozwija, inspiruje, człowiek się zmienia, nabiera doświadczeń, sprawdza się, z drugiej to strasznie męczące.

Może to próba nieustannego udowadniania sobie czegoś, walki ze sobą – robię wszystko, żeby móc sobie powiedzieć: to wcale nie jest tak, że tego nie potrafisz. Potrafisz wiele. Umiesz pisać, komponować, śpiewać, pracować z ludźmi, robić festiwal.

Z drugiej strony pewnie mam rodzaj niezdefiniowanego ADHD. Dziś, gdy dzieciak jest nadaktywny, nie umie się skupić, rodzice idą do psychologa i robią wszystko, żeby jakoś mu pomóc. Gdy ja byłem dzieckiem, trzeba było naprawdę poważnie przekraczać normę, żeby trafić do psychologa, a potem fru, do szkoły specjalnej. O takich jak ja, ciągle wiercących się, szukających nowych zajęć, takich, co nie umieli usiedzieć, mówiono, że synek jest energiczny.

Czy to myślenie „trzy lata do przodu" nie odbiera przyjemności z bycia „teraz"?

Odbiera. Na szczęście moja żona jest zupełnie inna, ona mnie zatrzymuje w biegu. Lubi pogadać, pomyśleć o czymś dłużej, zaangażować się głębiej. Wkurza ją mój niepokój, moja chwilowa uwaga, sięganie po kolejną rzecz i następną, i jeszcze następną. Ania pokazuje mi, że warto się zatrzymać.

Może chłopaków z zespołu też to twoje ADHD wkurzało?

Może. Kiedyś byłem jeszcze gorszy, dziś, gdy mam świadomość swojej nadaktywności, uspokoiłem się. Trochę. Ale z drugiej strony to też niebezpieczne: spokój powoduje, że tracę iskrę, bywa, że wpadam w stan lekkiego zamulenia. Wiesz, o co mi chodzi?

Że ciągle musisz balansować między skrajnościami, uważając, żeby się nie przechylić w żadną stronę. Że musisz być cały czas na linie.

Balansując między „muszę" a „nic nie muszę". Tak?
Kiedy kończy się festiwal, goście wyjeżdżają, przychodzi czas wyciszenia, to wpadam w stan odrętwienia, tego „nic nie muszę", z którego długo wychodzę, żeby się obudzić.

Jak znajdujesz czas na skupienie? Na napisanie piosenki?
To trudne. Muszę wyjść z chaosu i wejść w stan koncentracji, a to zajmuje czas. Pomagam sobie bieganiem, liczeniem, kiedyś medytacją, ale... ciągle mnie coś rozprasza. W końcu zamykam się w biurze o dziewiątej i postanawiam, że nie wychodzę do piętnastej. Nie słucham muzyki, nie odbieram telefonów. Mój stan skupienia nie zależy od ilości bodźców zewnętrznych, chaos jest we mnie i sam muszę nad nim zapanować.

Ale gdy już się uda, to prę do przodu.

Zdeterminowany?
Zawsze. Mogło przestać mi się chcieć chodzić na basen, ale chodziłem. Mogło przestać mi się chcieć trzymać w ryzach siebie i zespół, ale trzymałem. Tyle że jest mi pewnie ciężej niż człowiekowi, który jest spokojny, uporządkowany i ma jeden cel.

Ja mam zwykle dużo różnych i nim dotrę do mety, muszę się przecisnąć przez ich gąszcz. Wiele mnie to kosztuje, po drodze przychodzą załamania, czy w ogóle się nadaję do tej pracy. Są ludzie, którzy piszą piosenkę w trzy dni, a ja – miesiąc albo dłużej.

Ale zdarzają się przy pracy i takie cuda jak wtedy, gdy zadzwonił do mnie kolega, Abel Korzeniowski, który wyjeżdżał na stałe do Stanów: „Słuchaj, jutro muszę wysłać propozycję piosenki do nowego filmu Jamesa Camerona. Napisz mi tekst o świecie po wojnie atomowej". Myślę: James Cameron, Hollywood... I poszło w ciągu jednego dnia. Czyli czasem się da.

Wiesz, poszedłem dziś do Lokalu, takiej fajnej piekarni na Koszutce prowadzonej przez młodych ludzi. Wchodzę, siedzą dwie dziewczyny. Jedna czyta gazetę, druga przekłada bułki do koszyków. Z głośników leci muzyka. Odwracam się, patrzę przez szybę na ulicę, deszcz pada, przejeżdżają samochody, słucham tej muzyki i myślę sobie: kurwa, mógłbym mieć piekarnię i święty spokój. Lubię wstawać wcześnie rano, więc wstawałbym o czwartej i wkładałbym te chleby do pieca i słuchałbym muzyki, miałbym spokojne życie.

A tak ganiam ciągle za nowymi wyzwaniami, nie wiadomo po co.

Długo byś w tej piekarni nie usiedział.

Pewnie nie.

5. KĄPIELISKO

Na basenie trener kazał powiesić dwie tablice. Na jednej było napisane: „Mistrz w sporcie, przodownik w nauce”, a na drugiej: „Kto czytać i pływać nie potrafi, ten urzędów państwowych sprawować nie powinien. Platon”.

Pamiętasz, kiedy pierwszy raz znalazłeś się w wodzie?
Jasne. Miałem kilka lat, gdy wpadłem do studzienki u sąsiada. Przez całe wczesne dzieciństwo mama musiała mnie wyciągać z jakichś kałuż, wanien, basenów, jezior, morza. Niektóre dzieci tak mają, że nieustająco ciągnie je do wody. Ja taki byłem. A z tej studzienki sąsiad szybko mnie wyciągnął.

Kiedy zacząłeś pływać na poważnie?
Moją pierwszą podstawówką była Szkoła Podstawowa numer 2 w Mysłowicach. W pierwszej klasie wszyscy musieliśmy chodzić na basen. Nauczyciel zauważył, że najszybciej nauczyłem się pływać, więc wysłał mnie do sekcji pływackiej na basenie przy kopalni. A tam któryś z trenerów zaproponował mamie, żeby przeniosła mnie do „czwórki", szkoły, do której chodziły dzieci z sekcji i którą planowano przekształcić w szkołę sportową o profilu pływackim. Tam, w 1979 roku, zacząłem regularne treningi.

Jakimi stylami pływałeś?
Zaczynałem dowolnym, czyli kraulem. Pierwsze większe sukcesy odnosiłem właśnie w tym stylu na średnich dystansach, czyli na dwieście i czterysta metrów. W 1985 roku w Szczecinie zostałem mistrzem Polski na czterysta metrów kraulem. Gdy miałem dwanaście lat, pobiłem rekord Śląska na dwieście z czasem 2,16. Przez długi czas nikt nie dał rady go poprawić. Dziś,

po dwudziestu ośmiu latach, rekord dwunastolatków na tym dystansie to 2,11.

Czyli zaledwie pięć sekund szybciej. Jak ciężko musi pracować dziecko, żeby osiągnąć taki wynik?

Pływaliśmy dwa razy dziennie po półtorej godziny. Pierwszy raz o szóstej rano, przed szkołą, drugi o siedemnastej, po lekcjach. Trzy razy w tygodniu był jeszcze trening na sali gimnastycznej.

Wstawałeś o piątej?

No, bez przesady. Mieszkałem blisko basenu, więc wystarczyło o wpół do szóstej. To nie było wyrzeczenie ani katorga. Nikt mnie siłą nie wyciągał z łóżka. Człowiek myślał: skoro wszystkie dzieci tak mają, to nie ma wyjścia, też muszę się sprężyć. Na początku może i było ciężko, ale potem weszło to w nawyk.

Ale fakt, że treningi wyczynowe są wyczerpujące. Przychodzi moment, gdy rano nie chce się wstać i wskakiwać do wody.

Niefajny jest widok basenu o 6.10. Człowiek rozgrzany, jeszcze trzy kwadranse wcześniej leżał w ciepłym łóżku, a tu trzeba wskoczyć do chłodnej wody, najwyżej dwadzieścia siedem stopni.

Jak się pływa, to o czym się myśli?

Ojej, nie wiem... O wszystkim albo o niczym. Mój trener był też trenerem Tadeusza Szopy, jednego z pierwszych

Polaków, którzy przepłynęli kanał La Manche. Szopa był studentem matematyki, miał strasznie długie treningi, wiadomo – kanał La Manche, kilkadziesiąt kilometrów, więc trzeba było pływać bardzo dużo. Mój trener opowiadał mi, że nim Szopa wskakiwał do wody, czytał cztery zadania matematycznie, a w wodzie je rozwiązywał.

Trener?

Lechosław Konieczny. Ciekawa postać.

Miał dużą wyobraźnię. Dzięki niemu dzieci z prostych górniczych rodzin miały okazję spotykać się z olimpijczykami, jeździć na obozy, uczyć się angielskiego, niemieckiego. Najciekawsze jednak były opowieści, które nam serwował. Rozbudzał marzenia, kreślił wizje naszych przyszłych karier. I tak się rzeczywiście stało – z tych dzieci, z którymi pływałem, wyrośli bardzo fajni ludzie.

Bycie w klubie było nobilitacją. Wyjeżdżaliśmy na obozy do NRD, do Związku Radzieckiego i Czechosłowacji, na Węgry. Mnie te wyjazdy ustawiły priorytety na całe życie: żeby pracować, iść dalej, do przodu.

Gdy jeździliśmy na obozy sportowe na Węgry, trener pokazywał nam autobusy z wiedeńskimi rejestracjami i mówił, że jeśli się postaramy, to w następnym roku pojedziemy do Wiednia. Wiedeń to było coś! Aż się chciało pływać lepiej i jeszcze lepiej.

Organizował zawody, podczas których sprawdzał, ile umiemy. Za pierwsze miejsce była guma do żucia

Donald, za drugie – mandarynka, za trzecie – miętówka – rzeczy wtedy niedostępne. Wszystkie te nagrody trener ustawiał na parapecie, żebyśmy widzieli, o co walczymy.

Podzielił nas też w zależności od tego, ile umieliśmy. Najlepsza była grupa „E", czyli ekstra. Gdy do niej trafiłeś, to jakbyś się znalazł w teamie komandosów, najlepszych żołnierzy w wojsku.

Trafiłeś kiedyś do niej?

Tak, bardzo szybko, jeszcze przed mistrzostwami w Szczecinie.

Trener kazał nam też uszyć nylonowe – z takich materiałów, z jakich szyje się flagi – slipki w różnych kolorach. Pamiętam, że najmniej prestiżowy był zielony i pomarańczowy. W czerwonych mógł pływać ktoś, kto zdobył już jakiś medal. W czarnych – złoci medaliści, w cętki – reprezentanci.

Kolory slipek powodowały, że albo dzieciak był super, albo nie.

Byłem strasznie dumny, gdy kiedyś pozwolono mi startować w czarnych slipkach – przez przypadek, bo wtedy jeszcze żadnego medalu nie zdobyłem – a na widowni, czyli u góry w kawiarni siedziały moja mama i babcia. Stałem na słupku i dumny pokazywałem im na slipki, a one pewnie nie wiedziały, o co chodzi.

Kiedyś pojechaliśmy do Warszawy. Przechodziliśmy obok hotelu Victoria, w tamtych czasach to był megawypas, luksus.

Kombi śpiewało wtedy „Victoria hotel, hotel twoich snów. Tutaj, jak w telewizorze, masz niebo i stereo raj".

I stanęliśmy przed tym hotelem, a trener mówi: „Widzicie ten hotel? W nim nigdy nie będziecie mieszkać".

Okrutne metody wychowawcze.

Z dzisiejszej perspektywy – tak. Trener potrafił powiedzieć, że jak ktoś jest z biednej rodziny, to powinien docenić, że basen i treningi wyciągają go z hasioków i odciągają od jaboli, które piją jego bracia. Dosłownie tak właśnie mówił.

On był z Sosnowca. A dzieci, które trenował, z biednych śląskich familoków. Wielu z tych, którzy musieli tego słuchać, nigdy nie wyskoczyło z tej biedy. Nie dało rady. Bo dzieci było siedmioro, ojciec był chory, nie pracował, może popijał. Więc poszli kraść węgiel z wagonów.

Taki był ten Piosek.

Stosunek trenera do ciebie się zmieniał w zależności od tego, jak pływałeś?

On nie był wylewny. Raczej trzymał nas na dystans. Jeśli chwalił, to w takich sytuacjach, że się zapamiętało na całe życie.

Pamiętasz takie sytuacje?

Pamiętam dwie. Gdy miałem dwanaście lat i zacząłem bić pierwsze rekordy dla Śląska, to podczas treningu wyciągnął mnie z wody, bo przyszedł Eugeniusz Sakwerda. To był dyrektor kopalni Mysłowice, do której należała nasza sekcja pływacka. Często przychodził na basen popływać. I trener mówi do niego: „Panie dyrektorze, chciałem pana poznać z tym młodym zawodnikiem. Bardzo dobrze pływa".

Pode mną nogi się ugięły. A ten Sakwerda, który był zresztą bardzo miłym człowiekiem, uścisnął mi rękę i mówi: „Cieszę się, życzę ci powodzenia".

Drugi raz, jak zdobyłem medal w Szczecinie, trener podszedł do mnie i powiedział: „Gratuluję". To było wszystko.

Dzieci się go bały, czuły przed nim respekt. Pamiętam zbiórkę, podczas której powiedział: „Jak nic nie osiągnęliście, to musicie do mnie mówić »proszę pana«, jak zdobędziecie medal na mistrzostwach, możecie się zwracać »panie trenerze«. A jak pojedziecie na olimpiadę, mówcie do mnie »Leszek«".

Powiedziałeś do niego kiedyś „panie trenerze"?
Nikt nigdy nie powiedział, nawet ci, którzy zdobywali medale.

Jak kiedyś poszedłem z synem na zajęcia sportowe i usłyszałem, że siedmiolatki krzyczą do trenera „Tymek, Tymek", pomyślałem: Boże... jakaś odwrócona hierarchia. Dopiero po jakimś czasie doszedłem do wniosku, że właściwie to nic złego. Chociaż wolałbym, żeby mówili do niego „trenerze".

Gdy spotykasz teraz trenera na ulicy, to też mówisz do niego „proszę pana”?

Jasne. Czułem, że mnie lubił, choć tego nie okazywał. Wiele lat po tym, jak przestałem pływać, spotkałem go na mieście. Już nie był trenerem, miał firmę, która sprzątała miasto. Podjechał swoim zielonym volkswagenem, otworzył okno i mówi: „Cześć, Artur, co tam słychać?”. Natychmiast poczułem się jak zawodnik na zbiórce. Mówię: „Wszystko w porządku, studia, teraz egzaminy”.

I jak tak rozmawiamy, on nagle rusza samochodem i dalej do mnie mówi: „Wpadnij kiedyś do sauny, pogadamy”. I jedzie powoli, a ja biegnę za nim.

Mam kolegę, który nie lubił trenera za to, jak nas traktował. Ale ja przełykałem te upokorzenia. Instynktownie czułem, że chce dla nas dobrze, że ta surowa edukacja, zimny chów są dla nas dobre.

Na zawsze jednak zapamiętam, jak w trzeciej klasie mieliśmy spotkanie sekcji i trener rysował na kartkach nasze sylwetki w chwili skoku do wody. Dzieci stanęły wokół niego, każde opisywał, a ja czekałem w napięciu, gdy dojdzie do mnie. Byłem ostatni. Powiedział krótko: „A tak skacze Rojek”.

To był najgorszy skok. Ręce nie tam, gdzie trzeba, nogi ugięte, stopy zadarte. Do dziś pamiętam: czułem się strasznie.

Długo ponosiłeś porażki?

Do dziesiątego roku życia. Ciężko pracowałem. Strasznie się koncentrowałem, by uzyskiwać coraz lepsze wyniki, żeby być dobrym. Pamiętam światełko nad basenem, które migało i wyznaczało tempo – trzeba było pływać w jego rytmie. Nie wszyscy koledzy pływali z klapkami na oczach, raz, dwa, raz, dwa. Większość odbijała się od ściany do ściany, jak to dzieci. A ja pływałem jak wariat, mocno skoncentrowany.

Chciałeś zaimponować kolegom czy udowodnić coś sobie, rodzinie?
Basen chyba stał się miejscem, gdzie rekompensowałem sobie braki, zwracałem na siebie uwagę. Byłem jedynakiem, gdy znalazłem się w większej grupie, chciałem w niej coś znaczyć. Więc się starałem, ciężko trenowałem, chciałem być coraz lepszy. Wyniki przyszły, zacząłem wygrywać.

Rodzice byli uszczęśliwieni.
Wychowywałem się bez ojca. W tygodniu, gdy chodziłem do szkoły, mieszkałem u babci i dziadka, bo uznali wspólnie z mamą, że od nich będę miał bliżej na lekcje. Z mamą spędzałem weekendy.

To nie tak, że pływanie stało się tematem rodzinnych rozmów. A już na pewno dziadkowie nie byli skoncentrowani na moich sukcesach, jak to się często zdarza, gdy rodzice szaleją na punkcie, nie wiem, szachów czy gry na pianinie swoich dzieci.

Przychodzili ci kibicować podczas zawodów pływackich?

Gdy zacząłem odnosić sukcesy. Wspierali mnie, ale pływanie nie było szczytem marzeń o mojej karierze.

Pływanie to samotny sport. Jesteś samotnikiem?

Coś w tym jest. Zawsze lepiej czułem się w sportach indywidualnych – pływanie, bieganie. Rzadziej grałem w siatkówkę czy koszykówkę.

Nie miałem rodzeństwa, samotność wrosła we mnie. Dziecko jedynak tworzy sobie światy. Moim były figurki z plasteliny. Lepiłem je i lepiłem – miasteczka, ludzi, samochody.

Mam tendencję do zamykania się we własnym świecie. Jednak ze świadomością, że to nie może zbyt długo trwać. Nie można całe życie uprawiać sportów indywidualnych.

Wysportowany pływak. Pewnie nikt ci w szkole nie podskoczył. Biłeś się?

Pewnie. Organizowaliśmy bójki po szkole, na zrujnowanym cmentarzu żydowskim. To moje pływanie faktycznie prowokowało. Chłopaki mówili: „Jak jesteś taki dobry w pływaniu, to pokaż, jak potrafisz się bić".

Często przegrywałeś?

Różnie. Często wygrywałem przez spryt. Gdy wiedziałem, że ktoś jest silniejszy od mnie, przypominałem sobie rady dziadka: wal między oczy albo w jaja. No to waliłem.

Niefajnie.

No niefajnie, ale skutecznie. Dziadek uczył mnie przetrwania. Ze dwa razy się przydało.

Synowi byś tego dziś nie poradził.

Dlaczego nie? Muszę go też nauczyć się bronić.

Kiedy zostałeś gwiazdą?

Gdy zdobyłem ten złoty medal w Szczecinie. Pierwsze dziecko w sekcji pływackiej w Mysłowicach, które zdobyło złoty medal na mistrzostwach Polski! W szkole urządzili akademię – pamiętasz, jak takie wyglądały – ktoś wziął mnie w ramiona, postawili mnie na stole, śpiewali *Sto lat*. To był dla mnie, dzieciaka, dobry czas.

Mama dostała od dyrektora kopalni tak zwaną książeczkę, rodzaj bonu, za który mogła coś kupić. To był bonus, że jej syn zdobył medal dla klubu górniczego. Kupiła magnetofon Grundig stereo.

Potem były brązowe medale, na sto i dwieście metrów stylem grzbietowym. No i na tym się skończyło.

Przestałeś ciężko pracować? Gwiazda sobie odpuściła?

Nie, dalej trenowałem, zacząłem pływać delfinem, czyli stylem motylkowym, więc w zasadzie pływałem wszystkimi stylami, na treningach osiągałem bardzo dobre wyniki. Ale nie potrafiłem tego powtórzyć na zawodach, bo zacząłem się dusić w wodzie.

Jak to się stało?
Rok po zwycięskich dla mnie mistrzostwach w Szczecinie pojechaliśmy na kolejne zawody. I tam nagle się rozchorowałem. Gorączkowałem, a ledwo wskoczyłem do wody, zacząłem się dusić. W panice szukałem racjonalnego wyjaśnienia i w końcu uznałem, że to wina zimnej wody.

Zawsze wskakiwałeś do zimnej wody.
Wiem, to nie było racjonalne. Popadłem w paranoję. Zawsze przed zawodami przychodziłem na basen i sprawdzałem, jaka jest woda. Jeśli była gorąca, mówiłem, że OK, mogę płynąć, jeśli była zimna – że nie dam rady. I faktycznie, jak woda była gorąca i inne dzieci sobie nie radziły, mnie się dobrze płynęło. Ale oczywiście bez cudów, bo gorąca woda powoduje, że organizm szybciej się męczy. W takich warunkach nie zostaje się mistrzem i nie bije rekordów. Traciłem swoją szansę.

Ale to nie była kwestia wody.
Nie. To była kwestia psychiki, stres, oczekiwania innych, że na mnie patrzą i czekają, aż powtórzę sukces sprzed roku.

Na treningach też się dusiłeś?
Nie. Na treningach świetnie pływałem. Dusiłem się tylko na zawodach, w sytuacji rywalizacji.

Trener zauważył, co się dzieje?
Jasne. Wszyscy widzieli, jak się zatrzymywałem w połowie dystansu, nie kończąc zawodów, wychodziłem z wody. Ściągnął lekarkę, która zrobiła ze mną ćwiczenia oddechowe.

Ile razy?
Raz.

Niewiele.
No tak.

Ktoś powiedział, że chłopak ma kłopoty ze stresem?
Skąd. Wszyscy myśleli, że to jakaś blokada w oddychaniu.

Zmienili stosunek do ciebie?
Tak. Chyba uznali, że mistrza to już ze mnie nie będzie. Od czternastego roku życia to już był regularny spadek. Co prawda ciągle jeździłem na zawody, osiągałem niezłe wyniki, ale to były czwarte, piąte miejsca. I paradoksalnie, im byłem gorszy, tym rzadziej się dusiłem. Bo mniej ode mnie oczekiwano. Już nie byłem najlepszy i nikt nie liczył, że będę. Ale taki mądry w analizowaniu siebie sprzed dwudziestu pięciu lat, to jestem dziś.

Może ten sukces przyszedł za wcześnie? Dwunastolatek mistrzem Polski to ciężar trudny do uniesienia.

Kiedyś opowiedziałem o tym, co mi się zdarzyło, w „Zwierciadle". Miesiąc później przeczytałem w nim list matki, która dziękowała za ten wywiad, bo dzięki niemu zrozumiała, co mogło się przydarzyć jej jedenastoletniej córce pływaczce, która miała podobne problemy i nikt nie potrafił zdiagnozować, co się z nią dzieje.

Mówiono podobnie jak o mnie: że to układ oddechowy, jakieś skurcze, coś z mięśniami.

A to był prawdopodobnie ten sam problem, który ja miałem – stres podobny do tego, który czasem mają ludzie, których ktoś zaczepia i chce się bić. Chciałbyś mu oddać, ale czujesz tak silne niebezpieczeństwo, że jesteś jak sparaliżowany, nie potrafisz ruszyć ani ręką, ani nogą. To było coś podobnego. Pod koniec podstawówki doszedł kolejny problem – przestałem rosnąć, wszyscy mnie przerastali. A w pływaniu bardzo ważny jest wzrost.

Cztery lata się męczyłeś, wiedząc, że nie będziesz mistrzem? Nie powtórzysz sukcesu dwunastolatka?

Tak. Chyba ciągle miałem nadzieję, że coś się zmieni. Że z tych piątych, czwartych miejsc na zawodach skoczę na drugie, może pierwsze. Po szkole podstawowej bardzo chciałem iść do szkoły mistrzostwa sportowego w Oświęcimiu albo Raciborzu. Ale musiałbym wyjechać z domu i zamieszkać w internacie. Moja mama tego sobie nie wyobrażała, chciała mnie mieć przy sobie, płakała, a ja uległem, bo czułem się za tę sytuację odpowiedzialny.

Poszedłem do normalnego ogólniaka. Żałowałem tego później.

Jakim byłeś uczniem?
Podstawówkę skończyłem ze złotą tarczą, a w liceum uczyłem się tak, żeby przetrwać. Po wynikach w nauce na pewno nauczyciele nie zapamiętali mnie tak dobrze jak Kazimierza Kutza, który też chodził do tej szkoły.

Pierwsze wspomnienie?
Przynoszę świadectwo do gmachu, który wygląda jak szpital. Albo jak szkoła zakonna z filmu *Abigél*. Pamiętasz ten serial, który puszczano w latach osiemdziesiątych w telewizji? Węgierski, dział się w czasach okupacji. Mroczny i duszny.

I ten mrok, który mnie dopadł, gdy pierwszy raz przyszedłem do mysłowickiego ogólniaka, towarzyszył mi zawsze, gdy do niego wchodziłem. I bardzo surowi, wymagający nauczyciele. Klasówki, egzaminy. To wszystko mnie stresowało. Nie tęsknię do ogólniaka.

Bo był inny od sportowej szkoły podstawowej, w której wszyscy się znali? Gdzie nauczyciele byli trenerami i spędzaliście razem mnóstwo czasu?
Tamta szkoła to była rodzina. Sport i nauka ciągle się przenikały. Jeśli zdarzyło się, że dzieciak nie dawał rady w szkole, a był znakomitym pływakiem, nauczyciele

i trenerzy wspólnie zastanawiali się, co zrobić, żeby nie wstrzymywać jego rozwoju. Gdzie ustąpić, co odpuścić. W ogólniaku uczeń to był uczeń. Jak sztuka jest sztuka. Nikt nie miał czasu zastanawiać się, jakie talenty miał człowiek słaby w matmie. Czy jest może wybitnym biegaczem. Liczyło się tylko, jaki jest z matematyki, co umie z polskiego. Miałem szczęście, że przez dwa pierwsze lata w ogólniaku – zanim nie zdecydowałem, że definitywnie kończę z wyczynowym uprawianiem pływania – trener mi załatwił, że rano, kosztem lekcji, mogłem chodzić na treningi. To był taki półindywidualny tok nauczania. I szczęśliwie w tym toku przepadały mi wszystkie lekcje fizyki i połowa matmy. Miałem mało ścisły umysł.

To kłopot?
Tak, bo umiejętność liczenia jest przydatna.

A co z pływaniem w ogólniaku?
Sekcja się rozsypała, zostałem sam z kolegą, miałem coraz gorsze wyniki. W drugiej klasie liceum doszedłem do wniosku, że to nie ma sensu. Zdecydowałem, że pójdę na AWF i zostanę trenerem, zajmę się dzieciakami. Zrezygnowałem przed maturą.

Co dobrego dało ci pływanie?
Zawsze podziwiałem ludzi, którzy ciężko pracowali. Pływanie wzmocniło we mnie przeświadczenie,

że pracą można osiągnąć cel. Treningi to był mozół, który krok po kroku poprawiał umiejętności.

Na basenie trener kazał powiesić dwie tablice. Na jednej było napisane: „Mistrz w sporcie, przodownik w nauce", a na drugiej: „Kto czytać i pływać nie potrafi, ten urzędów państwowych sprawować nie powinien. Platon".

Chyba pisać.

Nie śmiej się. Tam było „pływać". On to chyba wymyślił. Podczas treningu, za każdym razem, gdy robiłem nawrót, widziałem tę tablicę, więc mi to utkwiło w pamięci.

Trener pytał mnie też: „Wiesz, ile lat miał Mark Spitz, gdy zapytał swojego trenera, ile czasu potrzeba, żeby zostać mistrzem olimpijskim?". Oczywiście nie wiedziałem. Więc trener mówił: „Siedem, miał siedem lat!".

No, to jak człowiek sobie policzył, że Spitz trenował piętnaście lat, żeby zdobyć siedem medali na olimpiadzie w Monachium, to robi wrażenie na dziecku, nie? Piętnaście lat treningów na basenie, żeby zostać dobrym zawodnikiem! Trener jechał po emocjach.

Rozbudzał w was ambicje, z którymi sobie nie radziliście. A potem nie potrafił wam pomóc. Twój przypadek jest najlepszym tego przykładem.

Oceniasz to zbyt surowo, to nie było całkiem złe. To było bardziej we mnie niż w nich. Myślę, że mój przypadek był niedopatrzeniem. W tamtych czasach, w latach osiemdziesiątych, stres czy depresję uznawano za fanaberię. Trener pewnie też tak sądził, a może nie zauważył, co się ze mną naprawdę dzieje. Może byłem skryty i nie potrafiłem opowiedzieć o tym, co czuję? A może nauczyciele i trenerzy byli po prostu inaczej edukowani niż dziś? Nie wiem.

Czy w dorosłym życiu stres często cię dopadał?
Wiele razy. Paraliżował mnie. Praca, obowiązki i odpowiedzialność to dla mnie nie jest wyzwanie, tylko męczarnia. Są ludzie, którzy rzucają się w jakiś projekt, zakładają firmę, nagrywają płytę i czują się z tym jak ryba w wodzie. Ja się męczę. A jak już widzę obok siebie człowieka, ludzi, którym łatwo przychodzi to, nad czym ja muszę ciężko pracować, więcej – mają ode mnie lepsze wyniki, wymiękam.

I bywa, że odpuszczam. Dźwigam, dźwigam i mówię: nie, mam już dość. Bo mnie przytłacza, bo tracę powietrze.

Bo woda jest za zimna.
Tak. I ciągle się uczę, żeby nie powtarzać błędów z dzieciństwa.

6. POCZEKAM

Scena to takie miejsce,
które pozwala jednocześnie
skupić na sobie uwagę
i trzymać dystans.
Podczas koncertu
ekshibicjonistycznie się
odsłaniam, ale nikt mnie
nie może dotknąć.

Trudno się z tobą gada w knajpach. Wszyscy zerkają w naszą stronę.

E, kto mnie tam zna.

Opowiem ci historię. To było w Częstochowie, spieszę się na koncert. Zatrzymuje mnie policjant, zaprasza do radiowozu i mówi: „Przejechał pan na czerwonym świetle i przekroczył prędkość o czterdzieści kilometrów. To będzie sześć punktów karnych i pięćset złotych". Na to ja: „Wie pan, takie coś zdarzyło mi się pierwszy raz w życiu. Strasznie się spieszę do Warszawy, gramy z kolegą w Pałacu Prezydenckim". Policjant nie ustępuje: „No, rozumiem, że jest pan muzykiem, ale przejechał pan na czerwonym świetle". „Ale taki ważny koncert gramy" – naciskam z nadzieją, że wreszcie zapyta, co to za zespół. I wtedy odpuści jak nic.

I słyszę wreszcie: „A co to za zespół?". „Myslovitz" – rzucam radośnie. No, udało się, mam go.

A policjant, zerkając do lusterka na moje odbicie: „Nie znam".

To był pewnie wielbiciel grunge'u albo bluesa, który udawał, że cię nie zna. Rozpoznawalność pomaga ci w życiu?

Jasne, ludzie są milsi w urzędach. Ale czasem to kłopotliwe. Wykonuję zawód, który sprawia mi frajdę, za tę frajdę płacą mi pieniądze, a tu jeszcze w sklepie jestem lepiej traktowany niż inni. Nie czuję się z tym fajnie, jak stoję w kolejce, przede mną starsi ludzie, a ekspedientka już mi mówi, ile mam zapłacić.

Co wtedy robisz?
Mówię, że poczekam.

Czyli popularność jest miłym kłopotem. Bardziej miłym czy bardziej kłopotem?
Niedawno tłumaczyłem mojemu prawie ośmioletniemu synkowi Frankowi takie sytuacje. Z jednej strony powinienem mu powiedzieć, że rozdawanie autografów nie czyni mnie nikim wyjątkowym, żeby nie myślał, że w życiu trzeba być popularnym, by dawać sobie radę. Z drugiej strony nie chcę, żeby pomyślał, że lekceważę ludzi, którzy przychodzą do mnie po te autografy. Bo oni są dla mnie bardzo ważni, bo ja jestem dla nich ważny. Pisząc piosenki, wywołuję emocje. Ludzie słuchają mojej muzyki w wielu codziennych sytuacjach i w takich, które są dla nich wyjątkowe, przeżywają ją.

I to jest kapitalne, uwielbiam to w tej robocie. W końcu robię muzykę dla ludzi.

Ale sam nie lubię udawanego zaprzyjaźniania się, chwalenia się znajomościami z celebrytami i robienia z nimi zdjęć. Irytują mnie zawodowi łowcy autografów i zdjęć.

Jeden z najważniejszych polskich performerów Robert Kuśmirowski zrobił kiedyś świetną wystawę, zatytułował ją *Masyw kolekcjonerski*. Zainspirowało go życie pewnej rodziny z Łodzi: mężczyzny, jego żony i syna, którzy zbierali wszystko.

Kuśmirowski pokazał obsesję. Zaczynało się od znaczków, przez lalki, samochodziki, meble, szable, papierki od cukierków, karty do telefonów.

A na końcu, w ostatnim pomieszczeniu, stał ekran z systemem do kontroli. Panował tam mrok, a ściany były porośnięte pajęczynami. To był mózg kolekcjonera.

A kiedy podchodzi do ciebie piękna kobieta – jak do Ala Pacino, który opowiadał o takiej sytuacji w wywiadzie rzece z Lawrence'em Grobelem – i mówi: „Jestem panem zafascynowana, uwielbiam pana filmy", i odchodzi?
To lubię. Nie chodzi tu o piękną kobietę, ale o pewien rodzaj szacunku. Lubię i szanuję ludzi, którzy szanują mnie. Nie wchodzą mi z butami w życie, nie rzucają mi się na szyję, nie zmuszają do wspólnych zdjęć, gdy właśnie idę z synami na karuzelę. Bo moja prywatność to ja.

Jak sobie tłumaczysz swoją popularność?
Nie mam pojęcia. Z jednej strony zawsze chciałem być tu, gdzie jestem, z drugiej – niewiele brakowało, a nie byłbym. To łut szczęścia. Jedna piosenka, jakiś koncert, ktoś, kto cię zobaczy, wyciągnie do ciebie rękę.

Przepytałam koleżanki, co ich zdaniem jest w tobie niezwykłego. Mówiły, że jesteś

charyzmatyczny, masz świetny głos, wiele wdzięku i jesteś przystojny. Zgadzasz się?
To prawda, że mam dobry głos. Czuję, że to moja siła.

A te tłumy dziewczyn szalejące na twoich koncertach?
To nie ma nic wspólnego ze mną. To magia muzyki. Rock tak ma.

Trzeba żyć tak, jakby się nie było popularnym. Zbyt wielu widziałem ludzi uzależnionych od popularności, niepotrafiących bez niej żyć. Mnie jest łatwiej, bo popularność nigdy nie była celem tego, co robiłem. Nagrywałem piosenki, a popularność przyszła później. Żal mi tych, którzy chcą być znani z tego, że są znani.

Ostatnio po koncercie we Wrocławiu spotkałem się z Andrzejem Smolikiem, z którym wiele rzeczy zrobiliśmy razem, i jak dwóch starych kumpli gadaliśmy o życiu. O tym, że jest coraz mniej młodych ludzi, którzy garną się do przemysłu muzycznego, bo ich fascynuje muzyka, a coraz więcej takich, którzy po prostu uważają, że ona może im dać popularność. Mogliby robić coś innego, żeby ją zdobyć: skakać na trapezie, jeździć na rowerze, wszystko jedno. I im jest wszystko jedno, czy będą śpiewać pop, folk, rap. Taką czy inną piosenkę. Byle być na estradzie i zdobyć sławę.

A ty lubisz scenę?
Lubię. Scena to takie miejsce, które pozwala jednocześnie skupić na sobie uwagę i trzymać dystans. Podczas

koncertu ekshibicjonistycznie się odsłaniam, ale nikt nie może mnie dotknąć.

Rzadko podczas swoich koncertów zagadujesz widzów.

Rzadko. Wychodzę z założenia, że jak nie mam nic do powiedzenia, to nie mówię. Ale z drugiej strony myślę sobie, że ile można patrzeć na faceta śpiewającego z zamkniętymi oczami, nie wiadomo, czy tańczyć, czy siedzieć, więc czasem zagaduję. Zwykle odpowiadają mi dobrą energią.

Często masz ochotę powiedzieć „spierdalaj" paparazzo, który robi ci zdjęcie, gdy na przykład jesz obiad? Albo nachalnemu łowcy autografów? A nie możesz, bo nie pozwala na to twój wizerunek grzecznego, miłego, inteligentnego Artura Rojka?

Kiedyś byłem bardziej zagubiony, ale teraz zrobiłem się asertywny i odporny. Mówię tak, jeżeli ktoś jest wystarczająco bezczelny.

Pamiętasz taką sytuację?

Tak. Kiedyś jakiś dziennikarz przyszedł na wywiad i mylił fakty. Podziękowałem mu i powiedziałem, żeby wrócił, jak się przygotuje. No i kiedyś występowałem w Trójmieście z Leszkiem Możdżerem. Po koncercie, gdy szliśmy do garderoby, podeszli do nas ludzie, prosząc o autografy. I wtedy ja powiedziałem, że teraz nie mogę, wyjdę za pół godziny. A Leszek mówi: „Kurwa, ale jesteś asertywny, ja bym tak nie potrafił". Ale to przecież było normalne: wykończeni po koncercie potrzebowaliśmy tych trzydziestu minut, żeby odetchnąć.

Tak normalne jak wtedy, gdy odmawiam autografów albo wspólnych zdjęć, kiedy rozmawiam z żoną przez komórkę. Albo gdy jemy z żoną i synami obiad w restauracji. Jeśli ktoś do mnie wtedy podchodzi, mówię: „Nie, dziękuję, jem obiad z rodziną, ale zapraszam na koncert".

Nie wychodzę też na bis, gdy czuję, że ludzie nie chcą. Nawet jak organizator prosi: „Wyjdź, wyjdź, jak wyjdziesz, to się rozkręcą".

Zawsze sobie wyobrażam, jak bym zareagował, gdyby mój ulubiony muzyk zrobił coś, co mi się nie spodoba. Na przykład po koncercie nie wyszedł, żeby rozdać autografy. Na pewno nie pomyślałbym: ty chuju, przyszedłem na twój koncert, a ty nie wylazłeś, żeby dać mi autograf, tylko: pewnie jest zmęczony, je głodny kolację, spieszy się do rodziny.

I myślę, że większość moich fanów jest podobna do mnie. Jeśli ktoś myśli, że tak reagując, jestem gburem, to jego problem, nie mój.

Ale moja żona uważa, że bywam niemiły. Że jestem zbyt wycofany, że całym sobą – słowem i gestem – pokazuję, żeby mi dali spokój. I że powinienem się bardziej otworzyć na ludzi. Że nie mogę emanować złą energią tylko dlatego, że ktoś podszedł do mnie nie w tym momencie, w którym uważam, że powinien.

Niedawno, gdy byliśmy razem w chorzowskim parku, podeszła do nas jakaś pani, zresztą bardzo sympatyczna, i poprosiła o autograf. Zgodnie z moją zasadą „żadnych autografów, gdy jestem z rodziną" powinienem jej powiedzieć, że nie mam długopisu.

Ale moja żona tak się ucieszyła, że pani nas zaczepiła, zaprosiła panią na koncert za kilka dni, że nie pozostawało mi nic innego, tylko znaleźć ten długopis.

I byłem miły, i było miło.

Synowie pewnie patrzyli na was okrągłymi ze zdumienia oczami...

Bardzo nie chciałbym, żeby na życiu chłopców zaważyło, że ludzie mnie rozpoznają. Przez długi czas w ogóle nie gadałem z Frankiem o graniu, zespole, koncertach. Teraz, gdy już chodzi do szkoły, a ja wydałem płytę pod własnym nazwiskiem, widzi ją w sklepach, a mnie w Opolu czy Sopocie, takie rozmowy są nie do uniknięcia. Za kilka lat być może, jeśli nie przestanę być rozpoznawalny, będę musiał o tym pogadać z młodszym synem. Dziś ma trzy lata.

Najbardziej nie chciałbym, żeby – jeśli ludzie nie będą ich rozpoznawać na ulicy – nie czuli się z tego powodu gorsi. Mam znajomych, których rodzice są znani, i trudno im sobie poradzić z oczekiwaniami innych i z własnymi ambicjami. I nie mogą się pogodzić z tym, że muszą robić w życiu coś innego niż ojciec, znany wokalista, czy matka, słynna aktorka.

To mnie niepokoi, czy uda mi się synów wychować bez uszczerbku, którego w ich psychice może dokonać moja własna sytuacja.

Chciałbym, żeby moi synowie mieli poczucie własnej wartości i cokolwiek będą robili w życiu, byli szczęśliwi z powodu tego, kim są, a nie kim był ich ojciec.

7. TAKA ŁADNA PIOSENKA

Miałem dwadzieścia lat, kiedy pierwszy raz się zbuntowałem. Uznałem, że muzyka jest tym, co chcę robić w życiu – wbrew rodzinie. I od tego czasu wszystko robię na przekór. Inaczej.

Muzyka jako praca? Na Śląsku?

Długi czas sądziłem, że to niemożliwe. Bo wszyscy wokół mnie, cała rodzina, zamartwiali się, że zajmuję się czymś niepoważnym. Że przecież nie po to tak dobrze się uczyłem, potem studiowałem, żeby zostać jakimś cygańskim grajkiem bez ZUS-u.

Zawsze byłeś niegrzeczny, stawiałeś się?

Przeciwnie. Do dwudziestego roku życia się nie buntowałem – nie uciekałem z domu, nie paliłem fajek, nie chodziłem w glanach, nie jeździłem do Jarocina. Właściwie to nawet nie spotkałem prawdziwego punka!

Byłem grzecznym chłopcem skoncentrowanym na szkole i sporcie.

Miałem dwadzieścia lat, kiedy pierwszy raz się zbuntowałem. Uznałem, że muzyka jest tym, co chcę robić w życiu – wbrew rodzinie. I od tego czasu wszystko robię na przekór. Inaczej.

Ale to nie znaczy, że czułem się komfortowo z tym, co robiłem. Bo muzyka nie dawała żadnej pewności. Myślałem sobie tak: fajne to granie, ale żadna robota, raczej zabawa tylko na chwilę.

Gdy jednak pojawiły się pierwsze sygnały, że nasza muzyka się podoba, ktoś chce nas słuchać, może wydamy płytę, zacząłem dbać o to, by granie kojarzyło się z pracą.

Jak?

Żeby mieć czas na zajmowanie się zespołem, wziąłem dziekankę na uczelni. Na życie zarabiałem jako sanitariusz na pogotowiu. Wprowadziłem system codziennych prób. Przychodzimy grać jak do pracy albo jak na trening. Ani dniówek, ani treningów nie wolno opuszczać.

Więc gdy Wojtek Powaga, mój pierwszy muzyk, najpierw w The Freshman, a potem w Myslovitz, powiedział, że nie przyjdzie na próbę w piątek, bo jest post, to mu powiedziałem: „A jak będziesz chodził do roboty, to też nie przyjdziesz w piątek, bo jest post?".

Bo Wojtek był, i jest do dziś, bardzo religijny.

Pokłóciliśmy się strasznie. Zapamiętałem to, bo był to pierwszy raz, gdy potraktowałem granie jak pracę. Ale mogłem tak zrobić tylko przed chłopakami z zespołu. Przyznanie się do tego, że moją pracą jest granie, na przykład przed lekarzem, to było dla mnie wtedy słabe. No, bo jak jesteś lekarzem, nauczycielem, prawnikiem czy górnikiem, to robisz coś konkretnego, wykonujesz jakąś pracę. Ale być aktorem, muzykiem, malarzem?

Jakbyś się wychowywał na warszawskim Żoliborzu, myślałbyś inaczej.

Ale wychowywałem się na Śląsku.

Mama miała pretensje?

Panikowała, gdy tylko wspominałem, że granie jest dla mnie ważniejsze niż studia. Jezus Maria, co to będzie. Narzekała, że co to za życie, jak człowiek ciągle jeździ po świecie i nie ma go w domu. Nigdy nie próbowała ze mną poważnie porozmawiać, widać, że sobie nie radziła z sytuacją, że jej syn nie układa sobie życia, tak jak miał to robić.

A dziadkowie?
Dziadek był w pewnym momencie trochę zawiedziony, że synek nie został prawnikiem.

Babcia nagrywała każdy mój występ w radiu i telewizji, wycinała każdą notkę w gazecie. Czasem coś zanuciła i powiedziała: „Ładna ta piosenka". Ale nigdy mi nie powiedziała, że to, co robię, jest super i że to powinna być moja przyszłość.

Czyli doceniała, ale nie potrafiła o tym mówić.
Nieprzypadkowo zostaje się tym, kim się zostaje – tak wychowywany człowiek stale musi sobie coś udowadniać. Musi sobie układać świat tak, żeby szukać pochwał.

Skąd się właściwie wzięła w twoim życiu muzyka?
Na rodzinnych imprezach podchmielony wujek Gerhard stawiał mnie na krześle i kazał śpiewać. Kiedyś zaśpiewałem mu *Mamo moja, ty...* i się poryczał. W czwartej klasie podstawówki zaśpiewałem na ocenę *A wszystko te czarne oczy* i pani od muzyki też się rozpłakała. Wtedy nie wiedziałem dlaczego. Dopiero po latach skumałem, że to przez to moje śpiewanie.

Ważne było, że ludzie dawali mi odczuć, że lubią mój głos. A ja lubiłem być akceptowany. Pierwszy raz to poczułem po pierwszej komunii, gdy powiedziałem wiersz i ksiądz mnie pochwalił: „Jak pięknie chłopczyk wyrecytował ten wiersz". Zapamiętałem to dobrze, bo wcześniej, ucząc się wiersza na pamięć, nie spałem po nocach ze stresu. Drugi raz – gdy na obozie sportowym w Związku Radzieckim zaśpiewałem *La Bambę* i wszystkim się podobało. I trzeci – gdy na jakimś innym obozie śpiewałem coś w pokoju, weszła komisja czystości – pamiętasz, co to było? – przestraszony przerwałem, a lekarka z tej komisji zaoponowała: „Nie przerywaj, śpiewaj dalej". Jeśli ktoś mówi „śpiewaj dalej", to znaczy, że nie jest źle.

Nikt ci nie zaproponował, żeby coś zrobić z tym ładnym śpiewaniem? Na przykład żebyś poszedł do szkoły muzycznej?

Nie, skąd. Synek miał fajny głos – mówiono. I tyle. Sam nie traktowałem tego poważnie. Nawet gdy zakładałem zespół, to nie przyszło mi do głowy, żeby w nim śpiewać. Z Wojtkiem Powagą szukaliśmy desperacko wokalisty albo wokalistki. Zaczepialiśmy nawet przypadkowych ludzi, na przykład dziewczynę, którą Wojtek pamiętał, że ładnie śpiewała w kościele. Zagadał do niej na ulicy, ale ona nie chciała. Musiałem więc sam zacząć śpiewać.

Dziadkowie śpiewali?

Dziadek – nie. Babcia była w chórze Hejnał w Mysłowicach. Miała dobry słuch, który mam pewnie po niej. Umiała też zagrać na flecie kilka melodii, mnie nauczyła *Boże, coś Polskę*. Przechowuję ten flet do dziś, jest bardzo stary, babcia grywała na nim jeszcze w szkole podstawowej, to był 1937 rok. Organki były znacznie trudniejsze, trzeba było opanować wdechy i wydechy w odpowiednich miejscach, ale babcia była w nich mistrzynią – grała wszystko. Z radia nagrywała swoje ulubione kawałki, niemieckie szlagiery. Bardzo była przywiązana do kaset z nimi – jak komuś jakąś pożyczyła i dwa dni nie oddawał, to już panikowała.

Uwielbiałem też czytać biografie, szczególnie ludzi związanych z muzyką. Bardzo przeżyłem książkę Lucjana Kydryńskiego o George'u Gershwinie – znalazłem ją gdzieś w domu – którego muzyki w ogóle nie znałem. Zafascynowała mnie jednak historia człowieka, który żył prawie wyłącznie w świecie muzyki, potrafił poświęcić jej niemal wszystko. Do tego ten jego krótki i tragiczny los żydowskiego emigranta, który mając niewiele ponad dwadzieścia lat, zrobił niezwykłą karierę jako kompozytor łączący muzykę poważną i jazz z amerykańskim folkiem. Król życia, kolekcjoner sztuki i kobiet, bajecznie bogaty, wszystko to był w stanie zaryzykować, żeby pisać taką muzykę, jaką chciał.

Pierwszym sygnałem guza mózgu, choroby, która go zabiła w wieku trzydziestu dziewięciu lat, było to, że czuł zapach palonej gumy. Do dziś ten zapach mnie niepokoi.

Przeżyłem też biografię Elvisa Presleya, którą czytałem, słuchając kasety z dwoma pierwszymi albumami Talk Talk. Przez całe lata na samą myśl o Presleyu słyszałem Talk Talk.

Trochę miałeś muzyczny bigos w głowie...

Tak. Gdy byłem dzieciakiem, nie chodziło mi o konkretny zespół czy wykonawcę. Chodziło o muzykę, rytm, granie. Nagrywałem z radia wszystko, jak leci, i słuchałem wszystkiego, jak leci. Tak jak babcia swoje niemieckie kawałki. Ja: muzykę elektroniczną, Metallicę, Run DMC, new romantic. Wszystko było tyle samo warte. Byle były dźwięki. Gust wyrabiał mi się z czasem.

Z wyjątkiem Pink Floyd, na którego punkcie miałem kompletnego fioła. We wczesnej podstawówce usłyszałem u kolegi piosenkę *Another Brick in the Wall* z początkiem „We don't need no education". W dzieciaku, jakim byłem, wywołało to emocje nieporównywalne z niczym, tym bardziej że kumpel mi powiedział, że tę piosenkę śpiewają dzieci, które nie miały rodziców, bo straciły ich na wojnie. Strasznie mnie to poruszyło.

Potem się okazało, że fanem Pink Floyd był też mój trener pływania. Marzył, żeby zobaczyć film *The Wall* Alana Parkera – wytrzasnąłem skądś kasetę i mu przyniosłem. Ale jedyny magnetowid był na kopalni, a film był długi, więc żeby go zobaczyć, umawialiśmy się kilka razy przed treningiem o 5.30 i oglądaliśmy do 6.15. Potem szliśmy na basen. I tak przez kilka dni.

The Wall, film wymierzony w systemy, reżimy, również w zimną i okrutną wobec dzieci sierot szkolną edukację, na kopalni z trenerem o świcie, w kompletnych ciemnościach, w siedzibie ZSMP, jedynym miejscu w kopalni, gdzie był magnetowid. Prawie żadnych dialogów, akcji, tylko niesamowite dźwięki i obrazy. To było megaprzeżycie.

A potem zrobiłem coś kompletnie szalonego. W tygodniku „Na Przełaj" była rubryka „Fankluby". Tam zakręceni na punkcie muzyki czytelnicy szukali podobnych do siebie wariatów. I potem wymieniali się listami, opowiadając sobie, jak zespoły, które uwielbiali, zmieniły ich życie. Ja też, w chwili przypływu niebywałej odwagi dwunastolatka, napisałem do tej gazety, że szukam fanów zespołu Pink Floyd. I „Na Przełaj" zamieściło mój list. W odpowiedzi dostałem trzydzieści siedem! Wszystkie od ludzi starszych ode mnie: czterdziesto-, nawet pięćdziesięciolatków. Mądre, poważne, nie tylko o miłości do muzyki, ale o życiu. I o zespołach, o których istnieniu nie miałem pojęcia, na przykład o Clan of Xymox.

Co odpisywałeś tym ludziom?

Nic nikomu. Strasznie się zdygałem. Ale płyty Clan of Xymox znalazłem, posłuchałem i choć zupełnie inne od Pink Floyd, takie nowofalowe, zrobiły na mnie wrażenie. Lubię je do dziś.

Co było tak fascynującego dla dzieciaka w Pink Floyd?

Emocje. Ogromne wrażenie robiło na mnie wszystko: od dźwięków przez okładki po aurę tajemniczej ekskluzywności tylko dla wybranych. To była tylko moja muzyka, niedostępna dla większości. Miałem dwanaście lat i czułem się z tego powodu wyjątkowy. Mało kto w moim wieku słuchał takiej muzyki. Zawsze lubiłem mieć coś swojego. Jak wypływało szerzej, więcej ludzi o tym gadało, to traciłem zainteresowanie.

Potem było po kolei: OMD, które lubię do dziś, Marillion z Fishem, U2, no i gitarowa muzyka brytyjska. Te ściany dźwięku wydobywane przez gitary i intymne emocjonalne wokale. Ride, My Bloody Valentine, Slowdive.

Jak to się stało, że Śląsk, w latach dziewięćdziesiątych kojarzony z górnikami, którzy uciekali od ciężkiej pracy w metal albo bluesa – pierwszy dla tak zwanych twardzieli, drugi – dla depresyjnych melancholików – nagle stał się polskim Manchesterem?

Dzięki ludziom. Pierwsze płyty z muzyką gitarową miałem od Janusza Kleszcza. Na początku lat dziewięćdziesiątych miał poważną kolekcję płyt z muzyką alternatywną i znał kilka innych podobnych osób. Prowadził rockoteki w klubie Pod Rurą w Katowicach – jeździłem na nie czasem. Kleszcz puszczał Happy Mondays, The Stone Roses, Primal Scream, ale też Fugazi czy Soundgarden.

Bywali tam też bracia Kuderscy: Jacek, czyli Jaca, student politechniki, i Wojtek, czyli Lala, który pracował na kopalni. Wtedy się nie znaliśmy, ale zapamiętałem ich. Jacek dobrze wyglądał.

Kleszcz handlował też płytami. Wiedział, gdzie pojechać, żeby upolować dobrą muzykę, z kim się wymienić. Jednym z jego znajomych był Kosa, czyli Tomek Kossobudzki, który jeździł do rodziny do Niemiec. Wypisywaliśmy mu na kartce tytuły płyt, które miał nam przywieźć. Kosa miał młodszego brata, czyli Młodego Kosę, który do dzisiaj imponuje mi wiedzą muzyczną, chociaż siedzi w zupełnie innej branży. Kleszcz poznał mnie z Dżałówą, od którego też pożyczałem kompakty, żeby przegrywać je na kasety. Inaczej się nie dało: płyty można było kupić tylko na Zachodzie.

Gdy zmieniał się nośnik, pozbywałem się starej kolekcji, wymieniając ją na nową: tak sprzedałem swoją kolekcję płyt winylowych, gdy kupiłem sobie odtwarzacz kompaktowy. Do dziś żałuję, że pozbyłem się wielu moich ówczesnych skarbów. Ale wtedy nie uwierzyłbym, gdyby ktoś mi powiedział, że analogi wrócą.

Ciekawe rzeczy można było kupić na szaberplacu w Katowicach, gdzie często pojawiał się niejaki Kadet z Ligoty; nie żyje już, przedawkował. On miał dostęp do dobrych płyt. Ludzie opowiadali też sobie legendy o zbiorach niejakiego Słonia z Krakowa. Wtedy mogłem tylko marzyć, żeby go poznać i zdobyć jakąś płytę z jego kultowego zbioru.

A to był Tomek Słoń, obecny szef muzyczny Interii. Był też w Mysłowicach chłopak – przezywaliśmy go Smisiak, bo był fanem The Smith, niedawno zmarł – który miał w chacie antenę satelitarną i nagrywał dla nas programy na MTV. Na okrągło słuchaliśmy „120 minut" – programu Paula Kinga, najpierw piosenkarza, a potem dziennikarza, który puszczał wszystko, co było wtedy ciekawe w muzyce gitarowej. To było nasze okno na świat.

Pierwsza gitara?

Zaczęło się od fascynacji nowym trenerem, który znał karate. Pojawił się w naszym klubie akurat wtedy, gdy wszyscy uwielbialiśmy Bruce'a Lee.

Nawet jak na dzisiejsze czasy zostałby uznany za bardzo wyluzowanego, a wtedy, hmm, jak to powiedzieć, no kompletnie nie przystawał do lat osiemdziesiątych. Kiedyś zapytał, co chcemy robić. Jak powiedzieliśmy, że bić się, rzucił: „To wszyscy na mnie". No i się biliśmy. Jak nie uwielbiać takiego faceta? I nazywał się Janusz Wszędyrówny.

Był naszym ulubionym trenerem, wszyscy chcieli być w jego grupie. Na obozach grał na gitarze i śpiewał – najpierw, dla nas, dzieci, wieczorami dla dorosłych. Wielu z nas zaraził miłością do gitary. Mnie też.

Mama kupiła mi gitarę Defil w składnicy harcerskiej, czyli w takim sklepie dla harcerzy – to była polska akustyczna gitara, przez dwa tygodnie uczyłem się na niej grać.

Sam?

Tak. Ktoś mi napisał, jak wyglądają podstawowe chwyty. Ale odpuściłem – bolały mnie palce, łapa drętwiała ze zmęczenia. Wróciłem do grania dopiero po kilku latach, gdy zamieniłem z moim kolegą Piotrkiem Kwaśnym dżinsy na porządną niemiecką gitarę, musimę. I zacząłem naprawdę grać.

To był początek moich studiów na AWF-ie. Dzięki tej musimie zostałem akademikowym grajkiem. Jednym z dwóch. Śpiewałem i grałem jak przy ognisku, od piątku do niedzieli na wszystkich imprezach. I to mnie kręciło. Głównie Kaczmarski, Stare Dobre Małżeństwo.

Nie jestem jednak mistrzem gitary, zapomnij. Właściwie nigdy nie wyszedłem poza rytmiczne, akordowe granie. Nie znam nut, ale potrafię zdewastować na koncercie gitarę lepiej niż Pete Townshend.

Nie kusiło cię, żeby je poznać?

Zbyszek Preisner mnie namawiał. Mówił: „Wiesz, poznałem nuty, jak miałem trzydzieści siedem lat, przydaje się, naucz się. Pomogę ci, pół roku i będziesz umiał".

W tym ambitnym postanowieniu wytrwałem dwa tygodnie. Odpuściłem, bo pojawiły się inne rzeczy do roboty. Albo już się nigdy nie nauczę nut, albo zrobię to na uniwersytecie trzeciego wieku.

8. CHŁOPCY

Ktoś spod sceny krzyknął: „Spierdalać, pedały!”, ktoś odkrzyknął: „E, dajcie im śpiewać!”. Jeden nas obraził, drugi poniżył, więc byliśmy megazestresowani, no ale zagraliśmy.

Słuchasz płyt Myslovitz?

Nie, w ogóle.

Bez sentymentów?

Do pierwszej mam – ją wspominam najlepiej.

Dlaczego? Są inne, które przyniosły wam sławę, sukces finansowy...

To była inicjacja, pierwszy raz. Ktoś nam zaufał, więc nagraliśmy wszystko to, co mieliśmy najlepszego. Pieczołowicie, z dbałością o szczegóły, z miłością po prostu. Szczerze i prosto.

Z rozmyślań przy śniadaniu czy *Miłość w czasach popkultury* też nagrywaliśmy z dbałością, ale to był już jej inny rodzaj: mieliśmy doświadczenie, wiedzę, jakieś małe sukcesy. Więc inna była w nas energia. Przy *Korova Milky Bar* już się popsuło.

Najbardziej cenię pierwsze piosenki Myslovitz: *Good Day My Angel*, *Moving Revolution*, *Papierowe skrzydła*, *Deszcz*. Z czasów, gdy mieliśmy kiepskie gitary, nie wiedzieliśmy, co to stroiki. Ale pisaliśmy piosenki dlatego, że bardzo tego chcieliśmy, nie dlatego, że mamy zespół, więc trzeba nagrać nową płytę, zaskoczyć czymś na koncertach. One były przeżyte, nie wykoncypowane. Zero wyrachowania. To była naprawdę nasza muzyka, chcieliśmy ją pokazać światu bez kombinowania, czy nam się to opłaci, czy nie. Ilu ludzi ją kupi, czy menedżer będzie zadowolony, co napiszą dziennikarze.

Ta płyta była z nas. Włącznie z szatą graficzną, czarno-białymi zdjęciami dzieci. Wytwórnia próbowała się wtrącić tylko raz, przysyłając do nas stylistkę, ale gdy kazała nam się przebierać, to posłaliśmy ją w diabły. My wiedzieliśmy, jak mieliśmy wyglądać.

Naszą płytę reklamowano jako polskie Oasis. Tyle że grupa Oasis nie była w Polsce popularna, więc oceniono nas jako ciekawe zjawisko artystyczne, nikt nie liczył na wielki sukces komercyjny. Może dlatego byliśmy wolni.

Producentem płyty był Ian Harris z Wielkiej Brytanii, o którym rozpuszczano plotki, że nagrywał płyty Joy Division. Ale on ich wcale nie nagrywał, tylko nagłaśniał jakiś ich koncert. W Polsce stał się w pewnych środowiskach gwiazdą. Dla nas było istotne, że jakoś zaczęliśmy, nieważne, czy z producentem, czy z nagłośnieniowcem Joy Division.

Co w was wtedy usłyszeli ci wszyscy dziennikarze, menedżerowie, agenci? Ci, którzy, jak Rafał Księżyk, pisali po pierwszej płycie, że „nagraliście poprockowy album bez cienia taniochy, a to w Polsce rzadkość".

Mówili, że jesteśmy inni. Że jest w nas coś, czego nie było w innych zespołach. Że wszędzie grunge, a tu wyjeżdżamy z jakimś britpopem. I że wierzymy w muzykę i piosenki. Że piosenki melodyjne, że potrafimy ludzi poderwać na koncertach, że jesteśmy szczerzy. Podobało się też, że jesteśmy spoza środowiska, ze Śląska i jacyś inni:

skromniejsi niż reszta, mniej efekciarscy, za to konkretni i w dobrych proporcjach imprezowi – czyli pijemy, ale nie zarywamy koncertów.

Specjalnie śpiewałeś tak wysoko? Falsetem?
Śpiewałem, jak potrafiłem. Podobał mi się głos Bretta Andersona z Suede i podświadomie chyba trochę go naśladowałem. Byłem zaskoczony, gdy gdzieś przeczytałem, że śpiewam falsetem. Pomyślałem: o ciekawe, co to znaczy.

„Śpiewasz jak pieprzony Jimmy Somerville" – krzyczał podobno na ciebie Harris. Często to słyszałeś?
To mi akurat nie przeszkadza. Bardzo lubię Somerville'a z czasów Bronski Beat i solo, ale najbardziej mnie inspirował wtedy wokalista Suede. I to słychać. Jednak rzadko bywam zadowolony ze swoich starych piosenek – wydaje mi się, że nie byłem rozśpiewany, rejestrowałem je za szybko, więc brzmią prostacko.

Piosenka od napisania do nagrania musi się odleżeć, dojrzeć. Potrzebuje czasu. Teraz dbam o to. Komponowanie i pisanie to ciężka praca.

Jak znalazłeś w sobie tyle odwagi, żeby założyć zespół?
Miałem dziewiętnaście lat, minęły dwa od chwili, gdy zrezygnowałem z pływania. Szukałem dla siebie przestrzeni w życiu. Muzyka, która była zawsze we mnie obecna,

nagle stała się numerem jeden. Cały mój świat zaczął się kręcić wokół niej. Ale to nie był blues albo metal, jak dla wielu moich znajomych, tylko ta megaprosta jak Brytyjczycy z The La's czy amerykański zespół Galaxie 500. Szukałem w muzyce odrębności, czegoś wyjątkowego, nieodkrytego, tajemniczego. Modnego nie dlatego, że wszyscy tego słuchają, ale modnego na przekór – bo mało kto to zna. I melodii, komunikatywności, trochę poezji.

Poszedłem do mieszkającego w bloku nieopodal Wojtka Powagi, o którym wiedziałem, że gra na gitarze i bardzo interesuje się muzyką – gdy wyprzedawałem swoje analogi, kupił ode mnie *Sno-powiązałkę* Voo Voo. Na szafce u niego w pokoju stało jego zdjęcie i podpis... Jimi Hendrix. Powiedziałem, że zakładam zespół i jak chce, może do mnie dołączyć. Chciał.

Potem ściągnąłem Rafała Cieślika, który miał ksywkę Księciu, bo był fanem Prince'a. Ale on, choć bardzo chciał być w zespole, nie umiał na niczym grać, więc kazałem mu nauczyć się grać na basie. No i Marcina Porczka, pseudo Bango, wziąłem z zespołu Dżałówy, gdzie tańczył i grał na tamburynie. I to mi się strasznie podobało – Porczek był jak Bez, czyli Mark Berry z zespołu Happy Mondays. A potem okazało się, że potrafi grać na perkusji. I był jeszcze chłopak, na którego wołaliśmy Majorek, grał na klawiszach.

Zostaliśmy zespołem The Freshman. Czyli Nowicjuszem. Nazwę wziąłem z tytułu amerykańskiej komedii kryminalnej z Marlonem Brando i Matthew

Broderickiem. Nie, żeby mi się jakoś ten film podobał, był przeróbką *Ojca chrzestnego*, ale tytuł mi pasował. Potem trochę żałowałem, bo w telewizji leciały reklamy gumy do żucia „Mentos – The Freshmaker", ale nie chciałem się już wycofywać.

Słuchaliśmy muzyki, próbowaliśmy w szkole na Kosztowach, pisaliśmy piosenki, kłóciliśmy się, jak i co grać, ale ciężko mi było się dogadać z Porczkiem. W tym składzie nie daliśmy żadnego koncertu.

Gdy uznałem, że już z Porczkiem się nie da, to go zwolniłem. I nie mieliśmy perkusisty.

Mniej więcej w tym czasie kolega Grzesiek Bimczok zaprosił mnie na próbę swojego zespołu. Grał tam na klawiszach. Szukali wokalisty. „Może będziesz chciał u nas pośpiewać" – powiedział. Na próbę poszedłem z Księciem. W zespole grali bracia Kuderscy. Jaca na basie, a Lala na perkusji. Lala był wtedy skinheadem. Pamiętam, że krzyczał: „Grajmy coś szybkiego!".

Wokalistą ich zespołu nie zostałem, ale poznałem Jacka. To były czasy, gdy strój wiele mówił o gustach muzycznych właściciela – byłem przekonany, że musiał słuchać bardzo porządnej muzyki. I miałem rację – Jacek w tych butach na grubej podeszwie, w lekko rozszerzanych spodniach i dobrze uczesany słuchał podobnych rzeczy do mnie. Miał mocno dyskotekową przeszłość. Lubił italo disco, ale też new romantic w stylu Duran Duran, był fanem Depeche Mode, Clan of Xymox, słuchał też The Cure i Joy Division i znał nową brytyjską scenę. Zaproponowałem mu bębny, ale sam przyznał, że idzie mu średnio i woli na basie. I przyprowadził Lalę, który chodził w zwężanych spodniach na szelkach, a na nogach miał glany.

I w czwórkę nam dobrze poszło. Nie miałem jednak serca zwolnić Księcia, więc kazałem to zrobić Powadze. To była poważna sprawa. Lubiłem go, ale Jacek był od niego dużo lepszy.

Poczuliśmy się mocni i zagraliśmy swój pierwszy koncert: na mojej uczelni, na AWF-ie.

Na zdjęciach z tamtych czasów wyglądacie jak chłopcy z porządnych domów. Przy chłopakach ze świecącego wtedy triumfy zespołu Dżem prezentowaliście się mało męsko, raczej metroseksualnie.

To był wymyślony i realizowany w najdrobniejszych szczegółach *image*. Jeśli graliśmy muzykę gitarową, to powinniśmy byli wyglądać jak muzycy kojarzeni ze sceną manchesterską: The Stone Roses, Happy Mondays, James, Northside, The Charlatans, Inspiral Carpets, którzy kręcili się wokół legendarnego klubu The Haçienda.

Trochę o tym opowiada brytyjski film *24 Hour Party People*. Tam też funkcjonowała wytwórnia Factory Records, która wydawała New Order i Happy Mondays, kultowych przedstawicieli sceny manchesterskiej. A raczej, jak mówiono, madchesterskiej.

Ale był też shoegaze. Czyli Ride, My Bloody Valentine, Slowdive czy The Boo Radleys. Byli też zupełnie inni:

The Go-Betweens, Lloyd Cole, The Housemartins, Felt czy The House of Love.

Oni wszyscy chodzili dłuższym krokiem, byli wychudzeni, przygarbieni i rozmarzeni. A na scenie stali, gapiąc się na swoje buty na grubych podeszwach. Nie mieli wąsów – dlatego zgoliłem swoje – mieli włosy przycięte na pazia, raczej grzecznie, ale w tej skromności był ukryty bunt.

A ciuchy?

Skóry z lat siedemdziesiątych, rozszerzane sztruksy, welury, ciepłe budrysówki albo zielone parki jak bohaterowie filmu *Kwadrofonia*. Koszulki polo lub w pasy albo obcisłe T-shirty z Adidasa. Do tego sygnety na palcach jak Milltown Brothers.

Skąd to braliście?

Czasem udało się coś kupić w peweksie. Ale większość w taniej odzieży. Tam upolowałem choćby moją pierwszą budrysówkę. Dziadek ją prał dwa dni. Gdy suszyła się na balkonie, to lała się z niej czarna woda, taka była brudna. Dziadkowi zresztą czasem też podbierałem kurtki, które dostawał od wujka Paulka z Niemiec.

Wszyscy się podporządkowali?

Miałem kłopoty z Wojtkiem Powagą. Był fanem bluesa, jeździł na Rawę Blues, co mi się strasznie nie podobało. Uważałem, że ktoś, kto gra w gitarowym zespole, nie powinien bywać na takich imprezach i chodzić z długimi włosami, w obciachowych spodniach i butach, jak to on nazywał, wygarkach. I jeszcze opowiadać na lewo i prawo, że lubi zespół Dżem, a jego idolem jest Riedel.

To był obciach.

Żartujesz.

Nie, mówię poważnie. Często śmialiśmy się, że Wojtek wyglądał jak Hanka od Rumcajsa, wiesz, z tej animowanej bajki dla dzieci. Ale on był wtedy inny niż ja i bracia. Miał do siebie dystans, gdy śmialiśmy się z jego butów, odpowiadał pogodnie: „A ja lubia moje olejoki". To, że bluesował, też miało swoją wartość: nie kopiował brytyjskich zespołów, ale grał po swojemu. Z czasem nabrał charakteru, zaczął inaczej się ubierać i grał tak jak nikt inny.

W czwórkę tworzyliśmy fajną całość, bo każdy wnosił coś innego.

Pojechaliście do Manchesteru, żeby na żywo zobaczyć swoich idoli?

Co ty, żartujesz.

Byliśmy chłopakami z prowincji zagubionymi w wielkim świecie. Jak pojechaliśmy na koncert Ride w 1993 roku do warszawskiej Stodoły – jechaliśmy tam pociągiem z Katowic – koledzy z Wesołej, którzy dojechali do Warszawy wcześniej, czekali na nas na dworcu dwie godziny, bo się bali, że się zgubią. Razem nam było raźniej.

Wtedy Ride to byli dla nas mistrzowie. Gdy tylko po dwudziestu latach się reaktywowali, ściągnąłem ich na OFF Festival. Jak wcześniej My Bloody Valentine czy Slowdive. Ale gdy te dwa zespoły w żaden sposób się nie postarzały, ich muzyka zachowała swoją siłę, w przypadku Ride to był już tylko powrót sentymentalny. Pewne rzeczy bezpowrotnie minęły...

Na początku lat dziewięćdziesiątych muzyka wypełniała całe moje życie. Bardzo chcieliśmy wiedzieć, co się dzieje na świecie – na koncercie Ride było naprawdę mało ludzi. Bo wtedy w Polsce mało kogo interesowało takie granie. A my robiliśmy wszystko, żeby zdobywać płyty zespołów, które nas fascynowały.

Gdy pojechałem z mamą do Holandii, chciałem kupić płytę zespołu Primal Scream, która się nazywa *Screamdelica*. Kleszcz napisał mi na kartce jej tytuł. W sklepie sprzedawca zamiast całej płyty wcisnął mi maksisingiel. Zapłaciłem, wyszedłem, odwróciłem płytę na drugą stronę i zbaraniałem: jeden utwór w czterech wersjach. Myślę sobie: Boże, co ja kupiłem, na co wydałem 17 guldenów, kupę pieniędzy na jeden kawałek! Jak wrócę do Polski, to chłopaki mnie zabiją.

A potem się okazało, że to był strzał w dziesiątkę: płyta z czterema wersjami *Higher Than the Sun* była rewolucyjna, jeśli chodzi o produkcję, połączenie muzyki gitarowej z dubem. To była bardzo narkotyczna muzyka.

Słuchaliśmy tej płyty wielokrotnie, stała się dla nas czymś nadzwyczajnie ważnym. W 2011 roku Primal Scream przyjechało z tą płytą na OFF.

Paliliście trawę?
Był okres, że tak.

A wódka?
Też.

Lala przyznał, że nadużywał alkoholu.
W pewnym momencie, to chyba było na początku, po Mokotowskiej Jesieni Muzycznej, gdy podpisaliśmy kontrakt z MJM, wytwórnia dała nam szansę, mogliśmy nagrać płytę. Pod jednym warunkiem: że perkusista nauczy się równiej grać.

A Lala pracował wtedy jeszcze na kopalni i często pozwalał sobie na picie. Pewnego dnia, tuż po tym, jak wytwórnia zażądała lepszego grania, a ja wprowadziłem rygor większej spinki, Lala przyjechał na próbę kompletnie narąbany. W dodatku zakrwawiony, bo podczas jazdy po pijanemu kilka razy spadł z roweru. I w takim stanie siadł za bębnami.

To był któryś raz z kolei. I wtedy go wyrzuciłem z zespołu. Tak całkiem na poważnie, bez zgrywy.

Wstawił się za nim Jacek, jego brat. Choć sam był wkurzony, że Lala coraz częściej odjeżdża. Wrócił i już nigdy taka historia się nie powtórzyła. Pił, ale po koncertach, i wiśniówkę. Kiedy odwoziliśmy go do domu, to bywało, że ledwo stał na nogach. Ale nigdy nie zawalił koncertu z powodu alkoholu.

W ogóle rzadko się kłóciliśmy, to były czasy, że widzieliśmy wspólny cel. Choć bywało, że się spieraliśmy. Jak chłopaki nie chcieli rozwieszać plakatów – mówili: „Po co, kurwa, nic z tego nie mamy, lepiej grajmy na weselach, zarobimy".

A mnie gdzieś w oddali majaczył się cel. I wkurzałem się, że oni go nie widzieli.

Skąd się wzięli wśród waszych inspiracji The Beatles?

Pośrednio przez brytyjskie zespoły, których słuchaliśmy. Cała scena brytyjska początku lat dziewięćdziesiątych to były silne inspiracje muzyką lat sześćdziesiątych. The Beatles i The Byrds przede wszystkim. Poza tym bracia Kuderscy byli ich wielkimi fanami. Myslovitz był przez długi czas mieszaniem piosenek z psychodeliami. Chociaż napisałem wiele klasycznych popowych piosenek, to mnie i Wojtkowi bliżej było do Pink Floyd niż do The Beatles. Jaca z Lalą dzięki temu, że jako dzieciaki często naśladowali McCartneya i Lennona, mieli świetnie ustawione głosy. Stąd się wzięło nasze śpiewanie w trójkę. Dobrze się uzupełnialiśmy. No i bardzo się to podobało.

Na początku działalności Myslovitz często graliśmy ich numery *She Said* z płyty *Revolver* czy *A Hard Day's Night.*

Pod ich wpływem napisałem *Funny Hill* – tak właśnie ją zatytułowałem, bo nie sprawdziłem, że imię pisze się przez *a*, a nie przez *u* – ale w tej piosence słychać też Czerwone Gitary. Czasem mnie ludzie pytają, czy to ma coś wspólnego z osiemnastowiecznymi *Pamiętnikami Fanny Hill* Johna Clelanda, opowieściami o kurtyzanie. Wiedziałem, co prawda, że jest taka książka, ale nigdy jej nie czytałem. Fanny Hill była rodzajem symbolu – tajemniczej, nieosiągalnej kobiety, jak ta z piosenki *Z twarzą Marilyn Monroe.* A ta oprócz Monroe miała jeszcze przynajmniej ze dwie bohaterki: brytyjską aktorkę i wokalistkę Patsy Kensit, która przypominała mi Monroe, i moją koleżankę ze studiów, która wyglądała jak Kensit.

Słuchałeś polskich zespołów? Wpłynęły na ciebie?

Niewiele. Marka Grechuty, Niemena. Lubiłem Malarzy i Żołnierzy, jeden z pierwszych gitarowych zespołów w Polsce i ich płytę *Po prostu pastelowe*. Pobrzmiewało w nim The Smiths. Lubiłem Lotyń, który brzmiał jak The Wedding Present, i PRL, z którymi graliśmy na festiwalu w Opolu w 1995 roku.

Polską muzykę odkrywałem stopniowo, już kiedy sam grałem, występując z różnymi muzykami. I czasem to były prawdziwe niespodzianki, na przykład gdy usłyszałem w Sopocie yassowy zespół Kury z Tymonem Tymańskim na kontrabasie, Piotrem Pawlakiem na gitarze i nieżyjącym już Jackiem Olterem na bębnach. Ich koncert bardzo mi się podobał.

Co musi mieć w sobie muzyka, żebyś o niej powiedział, że ci się podoba?

Szczerość. Kury nie były wykreowane. Muzycy byli tak bardzo wkręceni w to, co robią, że mnie w naturalny sposób też wkręcali. Zatracali się, a ja z nimi. Zawsze mnie fascynowała taka pasja, maksymalne zaangażowanie.

Liczy się też prostota. Podobnie było z Lotyniem. Grali fajną, bezpretensjonalną i bardzo szczerą muzykę. Często się odwiedzaliśmy i razem graliśmy koncerty.

Szanuję ludzi, dla których nie jest ważny model gitary czy efekty, ale to, co mają do powiedzenia w muzyce. Emocje, ich głębia. Fascynowała mnie opowieść o nieżyjącym już Robercie Sadowskim, który był gitarzystą między innymi grup Houk i Kobong. Tak się zatracał w muzyce, że nie czuł, jak przygryza sobie wargę. Krew lała się mu po brodzie.

Gdy zagraliście w Opolu w 1995 roku, to podczas psychodelicznego *Moving Revolution* zatraciłeś się.

No, ten kawałek jest rzeczywiście mocnym rozpierdolem. Podkręciliśmy się wszyscy. Powaga kopał dekorację, ja demolowałem gitarę. To był nasz pierwszy telewizyjny koncert. Było w tym dużo psychodelii, ale też mnóstwo stresu. Psychodeliczny był na pewno nasz *Mickey*. Na jednej z prób zagrałem akord E, a reszta pojechała za mną. Podróż w nieznane. Potem graliśmy ten utwór wielokrotnie, różnie, raz dłużej, raz krócej, w zależności od nastroju. Z tekstem „I Am, Who I Am".

Przełom w karierze zespołu?

Myślę, że 1994 rok, festiwal Garaż. A trafiliśmy na niego dzięki mojej Ani, która miała kumpla w Częstochowie. Wysłaliśmy kasetę, z jednej strony nasze kawałki, z drugiej Faith No More, które zapomniałem skasować. No i człowiek się zachwycił, tyle że... Faith No More. Gdy przesłuchał z drugiej strony, to zachwyt był mniejszy, ale na festiwal nas zakwalifikowali.

Weszliśmy na scenę, jakbyśmy właśnie wylądowali z kosmosu: skóry z wielkimi kraglami – tak po śląsku mówi się na kołnierze, fryzurki na pazia, białe sztruksy, buty martensy, nisko zawieszone gitary. Wzrok wbity w czubki swoich butów – jak rasowi muzycy shoegaze'u z My Bloody Valentine.

Przy całej reszcie – megaprofesjonalnym, jak nam się wtedy wydawało, grunge'u we flanelowych koszulach, z tatuażami, bandankami, długimi włosami i kozimi bródkami – prezentowaliśmy się jak harcerze. Wiadomo było, że wtedy polskimi scenami rządziła ciężka muzyka wzorowana na Pearl Jam czy Guns N' Roses. Czyli na Ameryce.

Ktoś spod sceny krzyknął: „Spierdalać, pedały!", ktoś odkrzyknął: „E, dajcie im śpiewać!". Jeden nas obraził, drugi poniżył, więc byliśmy megazestresowani, no ale zagraliśmy.

A po koncercie wpadł do garderoby facet w berecie i mówi: „Słuchajcie, panowie, świetnie gracie, co prawda te linie basowe jak na weselu, ale te ściany gitar fajne, dwugłosy też, nikt tak w Polsce nie gra. Gratuluję, trzymajcie tak dalej".

To był Janusz Yanina Iwański, znany muzyk jazzowy i rockowy, który mieszkał w Częstochowie.

A gdy czekaliśmy na werdykt, to podszedł do nas facet i mówi: „Cześć, nazywam się Pilarczyk, jestem szefem studia Radia Łódź, jestem tu w jury. Dostaniecie nagrodę. Albo pierwszą, albo drugą. Zobaczymy. Tak czy tak, chcę z wami podpisać kontrakt".

Zatkało mnie. Kontrakt? Czyli jak? Awansowaliśmy do pierwszej ligi? Ktoś chce w nas zainwestować? Teraz, już? Przecież ledwo zaczęliśmy grać?

Dostaliśmy drugą nagrodę – sesję nagraniową w Radiu Łódź, u Maćka Pilarczyka. Średnio, bo chcieliśmy wzmacniacz, który był za pierwsze miejsce. Graliśmy na pożyczonym, na własny nie mieliśmy kasy. Ale Pilarczyk wiedział, co będzie dla nas lepsze.

Radio Łódź to była wtedy jedna z najlepszych rozgłośni w Polsce. Podpisaliście kontrakt?

Było tak: nie mieliśmy kasy na wyjazd, więc poszliśmy po prośbie do kierowniczki domu kultury, w którym mieliśmy próby zespołu. I ona dała nam sto pięćdziesiąt złotych. To był fajny gest, inaczej byśmy nie pojechali.

Pilarczyk załatwił nas i nasze pytania w sprawie kontraktu w siedem minut. Ze spotkania z nim wyszliśmy równie ciemni, jak wchodziliśmy.

Za resztę, która nam została z tych stu pięćdziesięciu złotych od kierowniczki, chcieliśmy sobie kupić stroik do gitar, ale w końcu wynajęliśmy pokój w hotelu Savoy, w którym kiedyś podobno ktoś spotkał w windzie Lindę i Pazurę, i poszliśmy do kina na *Psy*.

I obaliliśmy flaszkę.

Kontraktu z Radiem Łódź co prawda ostatecznie nie podpisaliśmy, ale podczas sesji nagraniowej powstały piosenki, które zgłosiliśmy na Mokotowską Jesień Muzyczną w Warszawie, gdzie były jeszcze lepsze zespoły niż w Częstochowie.

Pojechaliśmy tam już jako Myslovitz. Daliśmy się przekonać, że The Freshman źle brzmi. Ktoś ze znajomych mówił, że powinniśmy się nazywać Mysłowice. Nie podobało mi się to, bo brzmiało jak nazwa kopalni albo zespołu ludowego. Ale któryś z Kuderskich przypomniał sobie, że na starym piecu kaflowym zobaczył wyraz Myslovitz – z czasów, gdy miasto należało do Prus. I to było w porządku.

Na Mokotowskiej Jesieni Muzycznej grali między innymi Happy Pills, fani Pixies, podobni do nas, Atmosphere z Marcinem Rozynkiem i gotycki Daimonion, któremu bardzo kibicowała jurorka Anja Orthodox.

I nasza trójka zgarnęła trzy pierwsze nagrody: my pierwszą, Atmosphere drugą, a trzecią Daimonion.

To był naprawdę wielki sukces. W nagrodę dostaliśmy pięć tysięcy złotych, wtedy strasznie dużo kasy. Kupiliśmy sobie porządne gitary: ja pięknego mensfelda, Powaga – gibsona, basista – fendera. No i podpisaliśmy kontrakt z MJM – firmą Andrzeja Wojciechowskiego i Gośki Maliszewskiej.

Po co wam była wytwórnia?

Żeby ktoś się nami zaopiekował: wyprodukował płytę, zorganizował koncerty, wypromował nas. Wtedy myślałem, że tylko tak to może działać. W tamtych czasach, w latach dziewięćdziesiątych, gdy muzyka jeszcze raczkowała, nie dało się inaczej. Przecież pisarz sam nie wyda sobie książki, tak jak muzyk nie wyda sobie płyty, nie wypromuje jej i nie będzie jej kolportował. Dopiero po latach, gdy odkryłem, że bracia Golec sami sprzedają swoje płyty, a wytwórnia służy im do dystrybucji, zobaczyłem, że się da inaczej funkcjonować.

Maliszewska was nie ceniła i nie wierzyła w wasz sukces.

Wolała inną muzykę. Céline Dion, Barbra Streisand i takie tam. Wierzył w nas jej mąż, Wojciechowski, i Józek, czyli Paweł Jóźwicki, w tamtym czasie pracownik MJM. Kiedyś zapytał nas: „Macie dziewczyny?". „No, mamy" – odpowiedzieliśmy. Zmartwił się: „To niedobrze".

Pewnie myślał, że nie będziemy tak dyspozycyjni, jak sobie wyobrażał.

Z chwili podpisywania tego pierwszego kontraktu zapamiętałem, że zrobiliśmy sobie pamiątkowe zdjęcie. Z dokumentów niewiele zrozumieliśmy, nie mieliśmy żadnych pytań, nie zwróciliśmy uwagi na połowę zapisów. Byliśmy tak podjarani, jakbyśmy Pana Boga za nogi złapali.

Potem się okazało, że podpisaliśmy niekorzystny dla nas kontrakt i po nagraniu trzech płyt mieliśmy wobec firmy ogromny dług.

Dlaczego?

Obciążano nas wieloma kosztami, których normalnie nie powinniśmy ponosić.

Ale Józek był malowniczą postacią, imprezowy człowiek o ogromnej wiedzy muzycznej, bardzo się z nami zaprzyjaźnił, często przyjeżdżał do Mysłowic, chodził z nami do knajp i mówił, że czuje się jak w Berlinie. A gdy przyjeżdżaliśmy do Warszawy, to wszystkie imprezy kończyły się w jego bloku, mieszkanie 103. Zawsze jak ktoś zapomniał, które to mieszkanie, Józek pytał: „Rudy jest 102, a ja jaki? No, wiadomo, 103".

Pierwszy nasz nagrany kawałek znalazł się na składance *Nowa Siła 2*, na której MJM umieściła piosenki ludzi ze swojej stajni. Nikt nas nie zapytał, czy akceptujemy, kto będzie przed nami, a kto po, ale wtedy bardzo się cieszyliśmy. Znaleźliśmy się w świecie, w którym chcieliśmy być, dlaczego mielibyśmy kręcić nosem?

Po wydaniu pierwszej płyty wytwórnia zmusiła nas do przygotowania następnej, właśnie z *Peggy Brown*, *Funny Hill* i *Z twarzą Marilyn Monroe*, czyli kawałkami, których nie chcieliśmy dawać na pierwszą płytę, bo wydawały nam się prostackie.

Protestowaliśmy bezskutecznie. Wpadłem na pomysł: no, dobra, skoro się uparli, to wybierzmy te najsłabsze numery i zróbmy z nich okropną płytę.

No i z takim nastawieniem nagraliśmy płytę, która potem się sprzedała w liczbie sześćdziesięciu tysięcy egzemplarzy.

Podczas koncertu w krakowskim Łęgu próbowałeś zniszczyć mensfelda – gitarę, którą kupiłeś za pieniądze z nagrody z Mokotowskiej Jesieni Muzycznej. Bunt?

Chciałem odejść, bo czułem, że granie w zespole nie daje mi satysfakcji. Po tygodniu zmieniłem zdanie. A *Peggy Brown* i *Z twarzą Marilyn Monroe* okazały się hitami.

Czyli nie miałeś racji z *Sun Machine*.

Miałem, to nie jest artystycznie dobra płyta. Mnie interesowało, żeby nagrać konceptualny krążek wypełniony piosenkami, które mówią o rzeczach istotnych. Ale po latach przyznaję, że ta *Sun Machine* otworzyła nam nowe możliwości. Trafiliśmy do grona najważniejszych zespołów Sony w Polsce – bo po drodze część wytwórni MJM stała się ich przedstawicielem. Zaczęliśmy stawać pewniej na nogach i coraz częściej myśleliśmy, że może jednak z muzyki da się żyć.

Ale do *Miłości w czasach popkultury*, czyli do 1999 roku było nam ciężko z kasą. Najpierw nam to nie przeszkadzało, bo nie mieliśmy rodzin, ale potem zaczęło doskwierać.

Z czego żyliście?

Z koncertów, z ZAiKS-u, czyli z praw do piosenek, które puszczano w radiach.

Często się bałeś, że muzyka przestanie być dla ciebie źródłem utrzymania?

Tak. I dlatego intensywnie skakałem na boki. A to wymyśliłem, że – jak kolega – będę żył z dzierżawy automatów do gry, a to próbowałem organizować koncerty w Polsce. Pracowałem w szkole, na pogotowiu, byłem ratownikiem na basenie.

Kiedyś znajomy namówił mnie na wyprawę do Kenii z ludźmi, którzy sprzedawali farby do samochodów. Najpierw byłem przerażony: co ja z ludźmi od farb będę robił w Afryce? A potem się okazało, że są tak fajni, że po powrocie chciałem zakładać sklep z farbami.

Pamiętam jeden taki moment. Myslovitz nagrał dwie płyty, tu nagroda, tam nagroda, trochę koncertów.

Wyglądało super. Nagraliśmy trzecią płytę i wszystko ucichło. Nie mieliśmy menedżera, próbowałem sam załatwić jakieś koncerty – udało się jeden, w Częstochowie.

I na nim zapomniałem słów piosenki. Po prostu kompletnie wszystko wypadło mi z głowy, to był koszmar. Od tej pory zawsze mam ze sobą kartki z tekstami. Bo ciągle się boję, że ta sytuacja z Częstochowy się powtórzy.

Nic nie szło. Nawet relacje z firmą Sony były napięte. Wytwórnia straciła wiarę w zespół. Gdy przedstawiliśmy demo do następnej płyty, *Miłości w czasach popkultury*, to usłyszeliśmy, że jest bardzo słabe. No, ale łaskawie się zgodzili, żebyśmy jednak płytę nagrali. Pracowaliśmy zdołowani, z przeświadczeniem, że nic z tego nie będzie.

Ale kiedy czwarta płyta wyszła, to się okazało, że jest megahitem. Najpierw furorę zrobiła *Długość dźwięku samotności*, oceniona przez Sony jako słaba, potem *Dla ciebie*, *My*, *Chłopcy*. To były największe przeboje lat dziewięćdziesiątych.

I ten sukces spowodował, że wszyscy zwolniliśmy się z pracy. Lala rzucił kopalnię, ja szkołę. Pamiętam, że wtedy przestałem się martwić, że nie będę miał się z czego utrzymać, choć cały czas miałem z tyłu głowy, że to na chwilę, że zaraz może się to wszystko skończyć. Ale okrzepłem.

W Sony poczekaliśmy do końca kontraktu i z ulgą się wynieśliśmy. Z nami odszedł Pilarczyk z Jóraszem, którzy stworzyli Chaos Management Group i ogarnęli nam produkcję oraz promocję.

***Miłość w czasach popkultury* stała się symbolem lat dziewięćdziesiątych. Jak nikt opisaliście sytuację młodych ludzi z małych miasteczek w czasach rozwijającego się wolnego rynku. Ich samotność. Jak w *Chłopcach*, przeczytam ci: „Wieczorami chłopcy wychodzą na ulicę / Szukają czegoś, co wypełni im czas / Rzucają kamieniami w koła samochodów / I patrzą na spódnice dziewczyn, które nie chcą ich znać / Wieczorami chłopcy wychodzą na ulicę / Bo wieczorami nie widać szarości / Nie widać brudnych ulic, a latarnie nie świecą / I można udawać, że można na spacer pójść / Wieczorami chłopcy wychodzą na ulicę / Marzą o życiu w dalekich krainach / Spoglądając w puste lornetki butelek / dyskutują o amerykańskich filmach / Wieczorami chłopcy wychodzą na ulicę / Siadają na chodniku i palą jointy / Robią wszystko, żeby stąd uciec / Kiedy wreszcie mogą, to wtedy nie mogą się ruszyć”.**

Nie chcieliśmy robić żadnej analizy społecznej. Pisaliśmy o sobie. Dużo gadaliśmy. O naszych lękach, miłościach.

O tym, o czym marzyliśmy, za czym tęskniliśmy, co nas wkurzało. To dotyczyło naszych spraw, dwudziestokilkulatków, nie społeczeństwa.

Ludzie dorabiają różne rzeczy do muzyki. Ktoś mnie zapytał, czy *Miłość w czasach popkultury* wziąłem z *Miłości w czasach zarazy* Márqueza. A ja wtedy nawet nie wiedziałem, że jest taki pisarz. Książkę przeczytałem dopiero po nagraniu płyty. Znałem twórczość Andy'ego Warhola i to on mnie zainspirował do tego tytułu.

Teraz czujesz, że ta płyta to ikona lat dziewięćdziesiątych?

Nie, raczej mnie wkurza, jak na niej śpiewam. Zimno, technicznie, bez emocji. Słyszę, jak staram się, żeby było czysto.

Ja słyszałam w twoim głosie dystans, trzymanie emocji na wodzy. I to robiło wrażenie. Liryczny, ale zimny opis rzeczywistości. Podobało mi się to. Myślałam, że to świadome.

Nie. Nie umiałem wtedy śpiewać.

9. DŁUGOŚĆ DŹWIĘKU SAMOTNOŚCI

Wkładając swój wysiłek
w walkę ze słabościami,
idziesz do przodu.
Fajniej żyjesz.

O czym mówisz, kiedy mówisz o bieganiu?

O oderwaniu od codziennego pędu, detoksie, dawce energii, przyjemności. Czytasz Murakamiego?

Książkę, której tytułem cię zapytałam, ten najsłynniejszy japoński pisarz i biegacz otwiera rozdziałem *Cierpienie*. Przytacza w nim mantrę jednego z biegaczy przepytanych przez „International Herald Tribune": „Ból jest nieunikniony. Cierpienie jest wyborem". Cierpisz, kiedy biegasz?

Ja nie biegam tak dużo jak Murakami.

Nie robisz trzystu kilometrów w miesiącu?

Zbliżałem się podczas przygotowań do maratonów, ale zdarzyło mi się to zaledwie pięć razy od 1999 roku. Są ludzie, którzy biegają pięć maratonów rocznie, daleko mi do nich.

Maratończyk musi walczyć, cierpieć, bo przebiegnięcie czterdziestu dwóch kilometrów nawet dla kogoś, kto na co dzień intensywnie trenuje, to rzeczywiście ogromny wysiłek.

Profesor Tadeusz Sławek, filozof, poeta, tłumacz, aktywny maratończyk, rocznik '46, mówi, że bieganie to forma abdykacji. Rezygnacja ze wszystkiego. Zostawiasz za sobą wszystkie emblematy pozycji społecznej, władzy, materialnej zasobności.

Lubię obserwować ludzi na maratonach. Na starcie się lustrują trochę jak kiedyś, w latach dziewięćdziesiątych, na wyciągu narciarskim. Tyle że wtedy ludzie patrzyli na sąsiada i myśleli: ale fajne buty, ciekawe, gdzie kupił te narty, ile dał za wiązania. A tu, na maratonie, biegacze rozpoznają marki butów, modele zegarków.

A potem, w trakcie biegu, odzieramy się z tych butów i zegarków. Wszystko to z nas spływa razem z wysiłkiem, kompletnie przestaje mieć znaczenie, czy te wszystkie gadżety są drogie, czy tanie, stare czy nowe. Człowiek jest w takim stanie, że wkurza go wszystko, pasek od zegarka, za długa koszulka, za krótkie spodenki. Nawet szwy na skarpetkach. Bo obcierają. A po trzydziestu siedmiu kilometrach nawet to przestaje mieć znaczenie.

Liczy się tylko to, by dobiec, dotrwać do końca, dożyć po prostu.

I to strasznie podoba mi się w tym sporcie: kompletnie odsłania człowieka. Zostajesz sam ze sobą, ze swoją słabością.

Lubisz to?

Lubię, ciągle planuję jakiś start, ale mi nie wychodzi. W ostatnim roku przebiegłem tylko dwa półmaratony, jeden w Seattle, drugi w Katowicach. Mam pracę i rodzinę. Połączenie ich z bieganiem jest bardzo trudne, podziwiam ludzi, którzy to potrafią, a z drugiej strony jest to mój wybór. Może kiedyś będę miał więcej czasu.

Nie kręci cię rywalizacja? Bicie rekordów własnych i cudzych?

Próbowałem kilka razy pobić jakieś rekordy, ale do tego potrzebny jest czas na przygotowania. Pamiętam porażki, którymi te starania się skończyły, więc już się nie silę. Nie muszę startować kilka razy w roku ani schodzić poniżej trzech godzin w maratonie.

Bieganie to przyjemność. Po prostu dobrze się po nim czuję. Choć moja żona mówi, że po bieganiu za bardzo się wyluzowuję. Przeszkadza to szczególnie wtedy, gdy trzeba coś szybko zrobić.

Murakami pisał o przyjemności biegania podobnej do przyjemności pisania, o której mówił Hemingway. Ledwo kończył pisać, już marzył, by do tego wrócić.

Też tak mam. Jestem zadowolony, gdy tygodniowo przebiegam sześćdziesiąt kilometrów, czyli jakieś dwieście czterdzieści miesięcznie. Czasem się udaje, szczególnie ostatnio, bo częściej jestem w domu.

Odwożę syna do szkoły i jadę do parku w Chorzowie. Tam biegam godzinę, godzinę piętnaście, czyli dwanaście, piętnaście kilometrów. Jak mam więcej czasu – dwadzieścia. A gdy ostatnio zgubiłem klucze od samochodu i szukałem ich po zaśnieżonym parku, zrobiłem dwadzieścia pięć.

Znalazłeś?

Tak. Leżały pod samochodem.

Biegałeś kiedyś wcześnie rano?
Tak. Gdy dzieci były małe, wstawałem, nim się obudzą – o szóstej.

Organizm się nie buntował?
Nie przypominam sobie.

A gdy lał deszcz?
Odpuszczam, gdy jest straszna ulewa.

A mróz?
Bardzo lubię.

Rozleniwienie?
Mija po dziesięciu, piętnastu minutach. Szybko się budzę. Nauczyłem się tego jako dzieciak, gdy musiałem wstawać na treningi pływackie.

Murakami twierdzi, że depresja zabija w ludziach chęć biegania.
Mnie bieganie orzeźwia – w złych stanach i fizycznych, i psychicznych. Wyciąga ze stanów napięcia.

Da się podczas biegania układać teksty piosenek, wymyślać muzykę?
Rzadko mi się to zdarza. Z bieganiem jest tak, że gdy mija pierwsze zmęczenie, wchodzisz w stan podobny do medytacji. Możesz biec i biec, wydzielają się endorfiny,

wiesz, te hormony szczęścia, jest coraz przyjemniej, coraz więcej rzeczy zaczyna ci się podobać. I stajesz się mniej krytyczny.

To, czym byłem zachwycony w lesie, po kilku godzinach okazywało się banalne.

Nie masz poczucia, że gdy biegasz, tracisz czas? Mógłbyś załatwić tyle rzeczy, spotkać mnóstwo ludzi, napisać kolejną piosenkę...

Moja żona też tak mówi, gdy się stresuję, że się nie wyrabiam.

Nigdy nie namawiałeś żony, żeby z tobą biegała?

Namawiałem. Ale jej bieganie nie sprawia przyjemności, to dla niej nuda. Ja przez lata pływałem, od ściany do ściany, więc się przyzwyczaiłem.

A biegasz z synami?

Biegałem, ale z nimi w specjalnym wózku dla biegaczy. To był czas ich popołudniowej drzemki: oni spali w kabince, a ja gnałem przez las. Teraz są jeszcze za mali na prawdziwe treningi, chociaż starszy, Franek, w tym roku wystartuje w minibiegu przy okazji Silesia Marathon.

Chciałbym, żeby moi synowie uprawiali sport w sposób systematyczny. Bo mnie bardzo pomógł. Uporządkował mój świat. Nauczył mnie samodzielności, wytrwałości, wygrywania i przegrywania.

W końcu dopadnie cię starzenie i będziesz biegał wolniej, a potem tylko spacerował?

To nieważne. Profesor Sławek powiedział kiedyś, że bieganie jest dla niego formą dziękczynienia Bogu za to, że może chodzić. Jest ode mnie sporo starszy i biega.

Mam znajomego koło siedemdziesiątki, który też ciągle biega. Nazywa się Janusz Kuczmierczyk, był górnikiem w kopalni Mysłowice. Poznałem go jakoś przed egzaminami na AWF, podczas których miałem między innymi zaliczyć bieg na tysiąc pięćset metrów. Gdy przychodził na basen, ludzie gadali, że to ten facet, co trenuje bieganie. Poprosiłem go, żeby mnie przygotował do dłuższego dystansu. W tamtych czasach mało ludzi biegało, więc gdy on codziennie wybiegał na ulicę w dziwnych, obcisłych spodniach, przechodnie stukali się w głowę.

Biegał ze swoim kolegą Jurkiem Nowrotem. Wyglądali jak ludzkie charty, wysocy, wychudzeni, wysuszeni.

Też tak będziesz wyglądał.

Nie. Oni mają sylwetki maratończyków: mierzą po metr osiemdziesiąt, a ważą po sześćdziesiąt kilo.

Janusz z Jurkiem wzięli mnie kiedyś na taki długodystansowy trening. Była niedziela, chodziłem do czwartej klasy liceum. Wbiegliśmy do lasu od strony Ćmoku, takiej dzielnicy Mysłowic. Padał śnieg. Długo biegliśmy razem, w końcu mówią do mnie: „Młody, tu jest dycha, możesz wracać, my biegniemy dalej". No to zawróciłem, tyle że śnieg zaczął zasypywać ślady i się zgubiłem.

Szukając drogi, wybiegłem w miejscu, o którym dziś wiem, że jest to prawie centrum Mysłowic. Ale wtedy go nie znałem i gdy zobaczyłem na bramie ogródków działkowych tablicę Ogródki Rozalia o. – czyli okręg – Katowice, pomyślałem tylko: Boże, gdzie ja jestem, i... wróciłem do lasu.

Gdy w końcu odnalazłem drogę, byłem już grubo po dwudziestu kilometrach. Do domu wlokłem się przez miasto, przemarznięty, wycieńczony, a idący do kościoła ludzie przyglądali mi się zdumieni.

A następnego dnia nie mogłem wejść po schodach do szkoły, takie miałem zakwasy.

Taki był mój pierwszy długi bieg.

Na AWF zdałeś?

Tak. Jednak rzuciłem treningi biegowe.

Wróciłem do biegania w 1999 roku. Wydaliśmy z Myslovitz płytę *Miłość w czasach popkultury*. Strasznie dużo wtedy paliłem, ostatnią rzeczą przed wejściem na scenę był papieros i pierwszą po zejściu też papieros. A zaczęło się na studiach...

Na tym AWF-ie?

Tak, tam paliło bardzo dużo ludzi. Podczas wyjątkowo długiej trasy, na koncercie w Bydgoszczy przydarzyło mi się coś strasznego: straciłem głos. I zdygałem się tak bardzo, że postanowiłem rzucić papierosy. A że po wysiłku nie chciało mi się palić, wróciłem do treningów i wyznaczyłem sobie cel: maraton. Żeby się znów nie zgubić, znalazłem w lesie taką krótką ścieżkę, dwa i pół kilometra, i biegałem po niej tam i z powrotem. Czasem i trzydzieści kilometrów, bo Janusz mówił, że miesiąc przed maratonem trzeba się sprawdzić na takim długim odcinku.

To bieganie tam i z powrotem było kompletnie bez sensu, szczególnie gdy obok jest piękny las, ale miałem zadanie do wykonania.

No i się udało. Wystartowałem w maratonie w Poznaniu, przebiegłem go i wsiąkłem. Następny był w Grecji, z Maratonu do Aten. Meta była na starym stadionie Panathinaikosu. A gdy z niego wracałem, spotkałem w autobusie Polaków, którzy mówili, że Ateny spoko, ale w Paryżu jest supermaraton, bo na ostatnich pięciu kilometrach podają wino. Spodobało mi się, jak o tym opowiadali, i pojechałem do Paryża. Tyle że gdy biegłem te ostatnie pięć kilometrów i widziałem kelnerów, którzy stali z tymi tacami pełnymi kieliszków z winem, to myślałem: Boże, tylko nie wino.

Na czwarty maraton, do Rzymu, pojechałem, żeby pobić swój rekord. W drodze spotkałem Polaka, który z kolei chciał osiągnąć wynik poniżej trzech godzin i dziesięciu minut. Biegliśmy razem, on był świetnie przygotowany, biegł bardzo równo, a ja starałem się mu dorównać. Tyle że nie dawałem rady, bo na treningach zawsze biegłem najpierw wolno, a potem przyspieszałem. W efekcie kompletnie wysiadłem po dwudziestu kilometrach, do mety ledwo się doczołgałem.

No i biegłem w Portland, niedaleko Seattle, często tam podróżujemy całą rodziną. Pewnego razu trafiłem na maraton, więc wystartowałem, zająłem nawet pierwsze miejsce w swojej kategorii narodowościowej – byłem jedynym biegnącym Polakiem – i poprawiłem życiówkę, trzy godziny szesnaście minut. Nawet przysłali mi dyplom.

Lubisz sporty, w których jesteś sam na sam ze sobą – pływanie czy bieganie w lesie – a maraton to tłum ludzi. Nie przeszkadzają ci?

Nie, bo choć biegniesz w tłumie, pozostajesz samotny. Tak samo jest na basenie – obok ciebie pięć torów i pływa czterdzieścioro dzieciaków, cały czas ktoś cię mija. Ale nie podajesz nikomu piłki, nie myślisz o strategii, o rozwiązaniach gry w grupie i tak dalej. Jesteś sam ze sobą.

Ale nie myśl, że jestem jakimś strasznym samotnikiem, po prostu lubię takie sporty.

Da się słuchać muzyki podczas biegania?

Oczywiście.

Tadeusz Sławek mówi, że nie słucha muzyki, bo można stracić kontrolę nad sobą. A bieganie takiej kontroli wymaga.

To zależy od wrażliwości. Znam człowieka, który w ogóle nie może słuchać muzyki, bo rzeczywiście odlatuje – traci kontakt z rzeczywistością. Mnie muzyka nigdy nie wprawiała w taki stan. Czasem słucham, biegając, a czasem nie. Nie ma reguły.

Rytm muzyki musi cię mobilizować do biegu?
Nie. Czasem słucham bardzo wolnej i smutnej muzyki. Rytm muzyki nie ma żadnego związku z tempem, w jakim biegam. Może być Arvo Pärt.

A jak jada biegacz?
Pewien fizjolog z AWF-u, u którego robiłem kiedyś badania wydolnościowe przed maratonem, powiedział mi, że biegacz powinien jeść wszystko, co mu smakuje.

Intensywnie trenując, nie masz szans utyć. Nie zauważyłem, żeby moi znajomi biegacze jakoś specjalnie dbali o dietę. Najczęściej nie palą papierosów i nie nadużywają alkoholu, ale jedzą to, co lubią, w ilościach, jakich potrzebują.

A ty?
Cały czas czegoś nie jem. Teraz jem chleb, piję kawę, wino, ale nie jem mięsa. Kiedyś nie jadłem chleba. Żona się śmieje, że jestem dziwakiem, który ciągle z czegoś rezygnuje.

W jakich butach biegasz?
W dobrych. Mam aktualnie trzy modele. Jedne na treningi szosowe, jedną parę terenowych i jedną do startu. Te ostatnie podarował mi przedstawiciel pewnej firmy sportowej podczas spotkania w sklepie dla biegaczy. Wszystkie mam od kilku lat. Zmieniam buty, gdy się zaczynają rozklejać.

Jak twój mistrz Kuczmierczyk, który w jakimś wywiadzie dla lokalnego portalu w Mysłowicach

opowiadał, że swoje pierwsze prawdziwe buty do biegania, adidasy, miał dziewięć lat. Bo je oszczędzał, biegając w nich tylko na zawodach i na ważnych treningach.

Ale nie jestem jak Murakami przywiązany do jednego modelu butów. Jak one się nazywają? Wiem, Mizuno! Gdy czytałem *O czym mówię, kiedy mówię o bieganiu*, złapałem fazę na te buty, bo oryginalne, rzadkie. Ale nigdzie nie mogłem ich znaleźć, więc odpuściłem.

Nie jesteś gadżeciarzem.

Lubię ładne i wygodne rzeczy. Nie jest mi wszystko jedno, na czym siedzę, czym się otaczam, w co się ubieram.

A po co biegaczowi zegarek?

Żeby mierzyć czas i tętno. Teraz są nawet takie zegarki, które mają opcję GPS.

Profesor Sławek mówi, że biegacz powinien odrzucić wszystkie symbole statusu materialnego. Biegacz musi być lekki, żeby poczuć swoje ciało, pobyć w realnej rzeczywistości.

Tyle że wielu ludzi dzieli dziś życie między profilami społecznościowymi, pracą i treningami, a to nie ma zbyt wiele wspólnego z rzeczywistością, którą pamiętamy z czasów przedwirtualnych. Skoncentrowany na odchudzaniu się, kupowaniu ciuchów w internecie, oglądaniu filmów, słuchaniu muzyki, kształtowaniu swojej tężyzny fizycznej, nie masz szans zetknąć się naprawdę z drugim człowiekiem. Bo jesteś skupiony na sobie.

Bieganie uczy pokory, bo wymaga dużego systematycznego wysiłku. Szczególnie gdy zaczynasz. Nie pomogą żadne gadżety. Tylko dyscyplina, nieodpuszczanie sobie. Nawet jeśli ci się strasznie nie chce, to zaciskasz zęby i biegniesz.

Trzeba mieć dużo samozaparcia, żeby tak jak Janusz Kuczmierczyk przyjść po pracy na kopalni, rzucić teczkę, przebrać się w dres i iść biegać.

Dopiero gdy przebiegł dwadzieścia kilometrów, wracał do domu i mógł zjeść ogromny talerz smażonych ziemniaków i wypić kufel piwa. Pamiętam do dziś tę kopę ziemniaków – tyle jedzenia możesz wchłonąć tylko po dwudziestu kilometrach.

Podobała mi się postawa pana Janusza – że mimo ciężkiej, żmudnej, czasem dołującej pracy miał swój cel. Dzięki bieganiu mógł wejść piętro wyżej nad codzienność.

Udowadniając sobie, że można więcej?

Że wkładając swój wysiłek w walkę ze słabościami, idziesz do przodu. Fajniej żyjesz. Imponują mi tacy ludzie.

10. SMAK MCHU

Pogodzenie ze sobą
i życiem nie ma nic
wspólnego z majątkiem,
zawartością kont, portfeli,
szaf, garaży. Tylko z tym,
jak ułożymy sobie stosunki
ze sobą i z ludźmi
wokół nas.

Jakie miałeś najbardziej ekstremalne doświadczenie podróżnicze?
Sudan. Trafiłem tam przez, hmm, Spitsbergen.

Trochę nie po drodze.
Od czasu, gdy proboszcz katedry w Katowicach Adam Puchejda opowiedział mi o swojej wyprawie z naukowcami z Uniwersytetu Śląskiego do stacji badawczej na Spitsbergenie, marzyła mi się taka podróż. Namówiłem Jacka Porembę, świetnego fotografika, mojego dobrego kumpla, żeby pojechał ze mną. Zgadaliśmy się, znaleźliśmy termin – i czekaliśmy niecierpliwie na wyprawę życia.

Ale jej szef raz zmienił termin, potem drugi i trzeci, aż w końcu uznaliśmy, że za dużo tego czekania. Nie możemy całego swojego życia przestawiać tylko z powodu jakiegoś Spitsbergenu.

Byliśmy jednak rozczarowani – mieliśmy porzucić na chwilę codzienność i wyjechać daleko, a tu trzeba zostać na miejscu. I wtedy Jacek rzucił pomysł: „To jedźmy do Sudanu". Dla niego to nie była żadna nowość – podróżował tam śladami Leni Riefenstahl, słynnej niemieckiej reżyserski i fotografki, która, gdy była młoda, fascynowała się Hitlerem, a kiedy trochę dorosła, oczarowali ją pięknie zbudowani ciemnoskórzy mężczyźni, więc jeździła ich fotografować właśnie do Sudanu.

Co prawda, o Sudanie wiedziałem tyle, że kręcono tam *W pustyni i w puszczy*, czyli kompletnie nic, ale Jacek siedział tam pół roku. Pooglądałem zdjęcia, które zrobił, posłuchałem opowieści, pomyślałem: ale magia – i powiedziałem: „Spoko, jedziemy".

No i była jazda.

Dlaczego?

Sudan okazał się krajem ekstremalnym, znacznie bardziej niezwykłym niż wszystkie kraje, które znałem, nawet Birma, Kambodża czy Namibia, po których podróżowałem z żoną. Nie byłem na to przygotowany. Ta mieszanina dwóch kultur kompletnie mi obcych, Afryki i Bliskiego Wschodu, wymyka się porządkowi, który zna Europejczyk. Zapomnij o pensjonatach, restauracjach, parkingach, agroturystykach. Gdy wjeżdżasz do Sudanu, a masz aparat fotograficzny, to musisz pójść do stosownego urzędu i załatwić sobie pozwolenie na robienie zdjęć. Jeśli tego papierka nie masz, a fotografujesz, zabierają ci aparat, kasują zdjęcia i lądujesz za kratami.

Do tego spotykasz prawdziwych muzułmanów. Nie francuskich Arabów z kolczykami w wardze, ale mężczyzn w galabijach i kobiety z kompletnie zasłoniętymi twarzami. Ludzi, którzy traktują swoją wiarę całkiem serio.

Kiedyś, może uznasz to za śmieszne, najbardziej ekstremalne zdawało mi się podróżowanie z przewodnikiem Lonely Planet. A tu – jaki przewodnik? Żadnego przewodnika! Takie podróżowanie uczy nieprawdopodobnej pokory, reagowania na niespodziewane sytuacje, dostosowywania się do okoliczności. Jeśli chcesz przetrwać, musisz przez te trzy tygodnie nauczyć się żyć jak ludzie, którzy tu mieszkają. Jak tubylcy. To coś zupełnie innego niż turystyka, do której jest przyzwyczajony Europejczyk – luz, plecaczek, karta kredytowa, którą płaci za drinki. W Sudanie nie zapłacisz kartą nie dlatego, że nie ma terminali w barach, ale dlatego, że nie ma barów.

Spaliśmy głównie u znajomych Jacka. To Sudańczycy, znajomi polskich archeologów, którzy w Sudanie prowadzą badania. W wiosce nad Nilem mieszkaliśmy w ulepionym z gliny i pomalowanym na biało domku. Do pobliskiego sklepiku zimne napoje typu fanta czy sprite dowożono raz na kilka tygodni, a my akurat trafiliśmy na czas, kiedy była tylko woda. Gdy się skończyła, piliśmy tylko herbatę, którą nam robiła Atijad i Dafalka – przyjaciele Jacka z czasów jego wcześniejszych podróży.

Na pustyni budziliśmy się rano, w ciągu dnia siedzieliśmy w cieniu, żeby przetrzymać palące słońce, a wieczorem kładliśmy się pod gołym niebem i liczyliśmy gwiazdy. Jacek robił mnóstwo zdjęć, widać było, że czuje się tam jak ryba w wodzie, a ja patrzyłem na niego i myślałem, że przy nim to żaden ze mnie podróżnik. Nic nie widziałem, nic nie przeżyłem i teraz tak strasznie trudno mi się odnaleźć. A Jacek nawet jak nie znał języka, to potrafił się dogadać.

Czułeś, że jesteś z kompletnie innego świata?

Trochę tak. Sudańczycy jednak to bardzo mili, ciepli ludzie, bardzo przyjaźnie nas przyjmowali. Żadnej niechęci, agresji.

To ja miałem problem. Spadłem z homogenicznej Polski, w której odmienność jest wyjątkiem. Znalazłem się w miejscu, gdzie wszystko było wyjątkowe. Byłem bliski paranoi. Nie było tam niczego, czego mógłbym się złapać, co byłoby znajome, rozpoznawalne, pochodziło z mojej rzeczywistości.

Pojechaliśmy na cmentarz, na którym derwisze wprowadzali się w trans. Ale to nie byli derwisze, którzy robią z tego *show* i czujesz, że to nie jest prawdziwe. To był prawdziwy trans. Oni mieszkają w lepiankach na cmentarzu, jak tańczą, to wiesz, że to naprawdę jest szaleństwo. I naprawdę się boisz, bo czujesz, że to jazda po krawędzi. Jeszcze chwila i wpadniesz z nimi w przepaść, z której się już nie wydostaniesz. Odkleisz się od rzeczywistości i już się nie przykleisz. Zatracenie.

Mnie to przerażało, ale ja jestem neurotykiem. Jacek się śmiał z mojej paranoi.

Czego nauczył cię Sudan?

Że chęć poznawania przeze mnie świata ma pewne granice. Nie znalazłem tam żadnego miejsca, w którym bym się odnalazł, za którym bym dziś tęsknił.

Nie chciałbyś tam wrócić?
Dla mnie odmienność tej rzeczywistości zwyciężyła magię. Nie, nie chcę tam wracać.

A może, kiedy jeździsz po Afryce czy Azji, to budzi się w tobie strach Europejczyka, który traci poczucie bezpieczeństwa? Bo nie ma bankomatów, McDonaldów, autostrad?
Pewnie tak. Chaos, wielkie nieuporządkowane miasta, brak angielskiego, zamiast niego język, który jest mi obcy. Nie wiesz, gdzie jesteś, nie wiesz, gdzie jechać; to frustrujące.

Jeśli jesteś – OK. Jeśli cię nie ma, też w porządku. Tracisz europejski punkt zaczepienia. Przerażony, jesteś w stanie rzucić się na szyję każdemu napotkanemu na ulicy białemu człowiekowi.

Bywało, że jako Europejczyk czułeś się gdzieś lepszy?
Raz. Gdy dolar strasznie staniał, a ja pojechałem do Stanów. Poczułem się jak gość, a nie człowiek z trzeciej ligi.

A w Kambodży albo Sudanie?
Nigdy. Zdarzały się sytuacje – jeśli o to pytasz – że widzieliśmy ekstremalną biedę, że dzieci się cieszyły, że kupiliśmy im kredki albo paczkę cukierków.

Ale wtedy nie czułem się lepszy, tylko myślałem o tym, co ja i moje dzieci mamy, a czego dzieci w Afryce nigdy nie zdobędą. To dużo uczy człowieka, nabiera się pokory, zmienia się stosunek do życia.

Lubisz podróżowanie?

Lubię. Z każdej podróży wracasz inny, każda cię zmienia. To fajne.

Podróż zawsze musi mieć cel? A czy sama droga może być celem podróży?

Droga bywa celem. Podróżuje się czasem po to, żeby zmienić rytm życia. Jeśli zwalniasz dopiero po tygodniu, dwóch, to znaczy, że potrzebujesz dłuższego wytchnienia. Że jesteś sfrustrowany, zestresowany.

Pamiętam taki stan z wyprawy do Namibii. Przez dwa tygodnie walczyłem z napięciem. Z niezgodą ze sobą. Przeszło po dwóch tygodniach i kolejne dwa były już bardzo spokojne. Uspokoiła mnie droga, kontakt z ludźmi, ze sprawami, z miejscami, rozmowy.

Podczas podróży wróciłem do siebie.

Albert Camus pisał, że podróżujemy właściwie tylko po to, żeby docenić to, co mamy. Żeby wrócić do domu.

Tak właśnie to przeżywam. Poza Seattle nie byłem w miejscu, o którym bym pomyślał, że chcę w nim zostać, zbudować w nim mój dom.W większości miejsc czuję się przez dłuższy czas nieswojo, chociaż podróż sama w sobie jest fascynująca. Czuję ulgę, gdy jestem w samolocie i wracam. A jeszcze większą, gdy samolot ląduje.

Z czasem idealizuję podróże, twierdząc, że przecież było super i nie doceniłem, ile zebrałem doświadczeń, ile zobaczyłem i jakich świetnych ludzi poznałem.

A kiedy jeździsz z koncertami, to podróżujesz?
Trasa nie jest już dla mnie podróżą. To przemieszczanie się. W drodze na koncert najczęściej oglądam film, czytam książkę albo pracuję. A na miejscu jest tyle czasu, żeby zrobić próbę, zagrać koncert, położyć się spać i pojechać dalej.

Zawsze tak było?
Nie. Gdy z Myslovitz dostaliśmy propozycje koncertów w USA i Kanadzie, a potem na zachodzie Europy, we Włoszech, w Portugalii, Szwajcarii, we Francji, to była szansa zobaczenia świata, którego nie widzieliśmy. Wyrwaliśmy się w świat. I z tych wyjazdów bardziej pamiętam miasta, w których graliśmy, niż same koncerty.

Na przykład gdy pierwszy raz pojechaliśmy do Nowego Jorku. I ta pierwsza wizyta była przerażająca. Wydawało mi się, że od ciężaru tych wszystkich budynków zaraz zawali się ziemia. Gubiłem kierunki, wejścia do metra, wyjścia.

Następnym razem było lepiej.

Gdy trenowałeś pływanie, jeździłeś z klubem po krajach demoludów. Czym były w latach

osiemdziesiątych wyjazdy na Węgry czy do NRD? Podróżami do lepszego świata?
Na Węgrzech byłem z piętnaście razy. Najlepiej zapamiętałem miejscowość Sopron blisko granicy z Austrią. Tam było inaczej niż w Polsce: zajadaliśmy się lodami o smaku pistacji i arbuzami, tam pierwszy raz zobaczyłem buty na przylepce...

Na rzepy.
Właśnie. Do dziś pamiętam swój przestrach, gdy ujrzałem je w sklepie. Podszedłem – nie ma sznurówek, próbowałem sprawdzić, co to za cuda i... odkleiłem rzep. Byłem pewien, że zepsułem.

Pamiętasz, kiedy pierwszy raz wyjechałeś z Polski w prawdziwą, samodzielną podróż?
Jasne. Wyjechałem w latach osiemdziesiątych do Niemiec do przyjaciela mojej mamy. Byłem w trzeciej klasie liceum. Zareagowałem jak każdy Polak w tamtym czasie, który zobaczył sklepy z pełnymi półkami, gustowną architekturę, czyste ulice, fajne samochody i poczuł zapach w podziemnych garażach: szok, to tak można żyć?! W takim czystym i uporządkowanym świecie?

Do dziś, gdy wchodzę do podziemnego garażu, to czuję Niemcy, które zapamiętałem jako smarkacz.

Jaki to zapach?
Nic specjalnego. Mieszanka betonu, spalin i czegoś jeszcze. Dziś bez problemów poczujesz go także w polskich garażach.

Podróżujesz samotnie?

Rzadko. Najlepiej podróżuje mi się z żoną. I teraz, i gdy jeszcze nią nie była. Im dłużej podróżujemy razem, tym jest lepiej. To zupełnie inaczej niż w przypadku niektórych moich znajomych, którzy mówią, że gdy jadą z żoną albo z mężem na dwa tygodnie, to tydzień można wytrzymać, ale potem jest tylko gorzej. Nam jest dobrze na co dzień, więc może dlatego.

Podróż to jednak coś zupełnie innego niż codzienne życie: trzeba ograniczać swoje potrzeby, czasem pójść na kompromis.

Lubimy łamać swoje przyzwyczajenia, porzucać wygody. Sprawdzać się. Odnajdywać. I ostatecznie docenić to, co mamy.

Myć zęby wodą z jeziora?

Raczej wodą z butelki.

Dużo podróżowaliśmy na studiach. W różne miejsca. Pewnego majowego dnia wyjechaliśmy na jagody do Szwecji. Ale jagód w maju jeszcze nie ma i Szwed, który nas tam ściągnął, załatwił nam pracę przy zbieraniu hjortronu, zwanego w Polsce maliną moroszką. To takie pomarańczowe owoce, rosną na bagnach i jest ich bardzo mało, więc za ich zbieranie płacą kupę pieniędzy.

Problem w tym, że po całym dniu krążenia po tych bagnach mieliśmy w wiaderkach po trzy malinki. Nie było wyjścia, musieliśmy zrezygnować z tej pracy.

I w końcu trafiliśmy do zbierania mchu, którym Szwedzi ozdabiają stroiki świąteczne i wieńce pogrzebowe. Przez miesiąc wstawaliśmy skoro świt i gnaliśmy do lasu, żeby zrywać ten mech, pamiętam, że był jeszcze wilgotny od rosy. Układaliśmy go w skrzynkach, za jedną dostawaliśmy chyba dwadzieścia koron.

Grosze.

No tak. Niedawno z okazji czterdziestych urodzin mojej żony polecieliśmy do Kopenhagi. W jednej z knajp podano nam na deser ten mech polany czekoladą. Śmialiśmy się, że po dwudziestu latach wróciliśmy do tego samego punktu, tyle że wtedy braliśmy za ten mech pieniądze, a teraz za niego płacimy.

Kiedyś wymyśliliśmy, że chcemy pojechać do najpiękniejszego miejsca na ziemi. Poradziliśmy się kuzynki Ani, która mieszka w Seattle i zajmuje się od wielu lat zawodowo turystyką, a ona powiedziała nam, że ma dwa ulubione miejsca: Kambodżę i Oman.

W swoją pierwszą podróż pojechaliśmy do Kambodży. Byliśmy tam miesiąc. Bardzo nam się podobało, więc po kilku latach polecieliśmy do Birmy. Podróżowaliśmy lokalnymi busami, całymi nocami, czasem drogami tak wąskimi, że dwa busy nie były w stanie obok siebie przejechać, nad takimi przepaściami, że serce stawało w gardle. Nie wiem, czy dziś odważyłbym się na taką wyprawę.

Ale wszystko rekompensowała wyjątkowość Azji, bardzo przyjaznego miejsca zamieszkałego przez łagodnych ludzi. Oczywiście póki nie dotknie ich wirus konsumpcyjnej zachłanności. Pojawia się wszędzie tam, gdzie przybywają ludzie z pieniędzmi, którymi są w stanie za wszystko zapłacić. Pamiętam, że gdy przyjechaliśmy do Paganu, miasta słynącego z dwóch tysięcy świątyń, trafiliśmy do bardzo popularnego pensjonatu. Jego właścicielka pod presją liczby i oczekiwań zachodnich turystów była tak skoncentrowana na liczeniu i pilnowaniu kasy, że nie było w niej śladu tego buddyjskiego spokoju, do którego zdążyliśmy się przyzwyczaić podczas podróży po tym kraju.

Wtedy po raz pierwszy zrozumiałem, jak zachodnia cywilizacja różni się od wschodniej, przynajmniej różniła się te dwadzieścia lat temu. Imponował mi spokój Azjatów, biednych, ale szczęśliwych. Wtedy, gdy miałem dwadzieścia lat, nie mogłem zrozumieć, skąd się w nich bierze, przecież nie mieli niczego, co my, ludzie Zachodu, uznajemy za wyznacznik dobrobytu: ani luksusowych samochodów, ani rezydencji, ani złotych zegarków. Tylko ryż trzy razy dziennie.

Pogodzenie ze sobą i życiem nie ma nic wspólnego z majątkiem, zawartością kont, portfeli, szaf, garaży. Tylko z tym, jak ułożymy sobie stosunki ze sobą i z ludźmi wokół nas.

Podróżując, można się zarazić tym azjatyckim spokojem?

Na czas podróży i trochę po powrocie. Jak przyjeżdżasz po miesiącu w Azji, to przez kolejny miesiąc myjesz się mydłem, które sobie stamtąd przywiozłeś, chodzisz w lnianych spodniach i nosisz na rękach koraliki. I to trwa, póki na powrót nie wtopisz się w swoją przestrzeń.

Mówisz, że jedyne miejsce poza Górnym Śląskiem, w którym mógłbyś żyć, to Seattle. Skąd ta fascynacja?

Wyjątkowe miasto. Świetnie położone, wokół mnóstwo jezior, z dostępem do oceanu, niedaleko Góry Kaskadowe, wulkany. Przepiękna przyroda.

W Seattle mieszczą się siedziby Microsoftu, Boeinga, Amazona, Starbucksa i jeszcze kilku innych wielkich firm – stąd jego duże możliwości i ciekawi ludzie. Jest aktywne, rozdyskutowane, oczytane, wybiegane. To nie jest Kalifornia, w której nieustannie praży słońce i nie pozostaje nic innego, jak tylko leżeć na plaży. Gdy pada deszcz, a w Seattle pada dosyć często, trzeba coś ze sobą zrobić: najlepiej pić kawę i czytać książki. I robić muzykę, a przynajmniej jej słuchać. To miasto, gdzie kultura muzyczna ma niebywałe znaczenie. Grunge, Sub Pop Records, radio KEXP, Nirvana, Alice in Chains, Pearl Jam – to hasła, które zna każdy fan muzyki na świecie.

W Europie lubię Skandynawię. Ludzie żyją tam tak, jakby przechorowali już konsumpcję. Wiem, że różni nas historia. Może to powoduje, że jest w nich spokój, którego my, Polacy, pewnie nigdy nie będziemy w sobie mieli, bo nigdy nie będziemy mieć pewności, że mamy wszystko to, czego chcemy, ani pewności, że tego nie utracimy. Nas gna niepokój.

Jeździsz po Polsce z koncertami, dużo widzisz. Lubisz polski krajobraz?

Tak, choć wkurza mnie bałagan architektoniczny, wszechobecność billboardów, śmietnik reklamowy.

Polska się zmienia czy jest w ruinie?

Bardzo się zmienia. Przybywa kasy i infrastruktury. Mamy coraz więcej możliwości. Z drugiej strony czy to, że w jednej rodzinie są dwa samochody, sprawia, że jesteśmy lepszymi ludźmi? Mam wątpliwości. Z tego, że rosną nasze aspiracje konsumpcyjne, nie wynika, że przybywa nam spokoju. Myślę, że zatracamy umiejętność refleksji...

Gonimy za sukcesem, chcemy być jak Niemcy, mieć wypasione fury i kasę. I jesteśmy coraz bardziej napięci, sfrustrowani.

Ciekawe, że tacy Czesi tego nie mają, jest w nich luz, o którym my możemy tylko pomarzyć. Noszą fryzury jak w latach osiemdziesiątych, jeżdżą pociągami z tamtych czasów i nie przyjdzie im do głowy, że mają być bardziej amerykańscy od Obamy albo bardziej niemieccy od Merkel. Nie ma w nich takiego ciśnienia.

Nie potrzebują być lepsi od sąsiada.

Mnie się podoba, że są tacy bez kompleksów, oldskulowi. My mamy kompleksów za dużo, a za mało zdrowej dumy z tego, co już jest. Czeska gospodarka funkcjonuje jak nasza, na zasadach wolnego rynku, i jakoś nie odbija się to na życiu społecznym, jak u nas. Nie ma takiej wolnej amerykanki, wyścigu szczurów. Tego wszystkiego, co nas niszczy jako wspólnotę.

Myślę, że sam mógłbym mniej i wolniej pracować, ale dałem się wkręcić w system, który mówi, że muszę zarabiać, bo tyle wokół jest dóbr, na które powinienem wydawać pieniądze. Ktoś mnie złapał i wkręcił w ten system, a ja się niedostatecznie bronię. Tkwię w pułapce, z której czasem się urywam, bo się buntuję.

Są w Polsce miejsca, które uwielbiasz bez zastrzeżeń?

Lubię Roztocze. Kiedyś podczas trasy koncertowej zobaczyłem w telewizji film z okolic Jeziora Białego: woda przejrzysta na cztery metry, piasek, prawie w ogóle nie ma turystów. Niedaleko granica z Białorusią, kompletna cisza, lasy, mokradła, torfowiska, tylko ptaki słychać. Megadziki teren. Po prostu tundra.

Pojechaliśmy tam w ciemno, trafiliśmy na pole namiotowe przy postkomunistycznym ośrodku, gdzie było okropnie. Rozbiliśmy namiot i jakoś przetrwaliśmy jedną noc. W drodze powrotnej zatrzymaliśmy się w Guciowie. No i wsiąkliśmy. Poznaliśmy Stacha Jachymka, geologa, który gdy był pracownikiem stacji badawczej lubelskiego Uniwersytetu Marii Curie-Skłodowskiej na Roztoczu, kupił trochę terenu ze starymi zabudowaniami i urządził w nich dom, knajpę i skansen.

Przez pewien czas był nawet sołtysem Guciowa. Opowiadał nam, jak walczył, żeby mieszkający tam ludzie docenili to, że mają rzeczy, o których inni mogą marzyć: stare, porządne chałupy z drewna, ubitą drogę, dachy ze słomy. Bo oni chcieli domów murowanych, dróg z polbruku i dachów z blachodachówek.

Guciów, Bliżów, hodowla konia polskiego, stawy Echo – bardzo piękne miejsca. Kiedyś tam jeszcze wrócimy.

11. ZNOWU WSZYSTKO POSZŁO NIE TAK

Lekcja pokory jest bezcenna. Dziś jesteś na szczycie, jutro w środku albo na dnie.

Jesteś ambitny?
Tak, bardzo.

Co czujesz, gdy ludzie hejtują cię w internecie, że śpiewasz jak pedał, beczysz jak koza albo że na pal z tobą, bo porzuciłeś Myslovitz?
To zależy od hejtu. Czasem mnie rusza.

Ale w sieci nie masz wielu trolli. Ludzie cię lubią.
Może dlatego, że nie wychodzę do przodu, nie mówię, że jestem zajebisty i znam się na wszystkim. Jak to mówił Johnny Cash, im jesteś wyżej, tym bardziej świeci twoja dupa. Myślę, że sukces mojej ostatniej płyty trochę mnie naraża na świecenie dupą. Muszę uważać.

Często zawodzisz się na ludziach?
Czasami. Pewnie dlatego, że daję ludziom duży kredyt zaufania.

Nie ważę, czy i ile ryzykuję, tylko dopuszczam do siebie, czasami zbyt blisko. I bywa, że się zawodzę. Jednak może dlatego, że wychowałem się jako jedynak i trochę wisiałem sam na sobie, to jakoś długo tego nie rozkminiam, tylko przechodzę nad tym do porządku dziennego: było, minęło, trudno.

Amerykańska poetka Elizabeth Bishop pisała, że w sztuce tracenia nietrudno dojść do wprawy.

Ładne. Ale mnie to łatwe godzenie się ze stratami trochę niepokoi. Nie podoba mi się to. Wolałbym trochę bardziej przeżywać odejścia ludzi, niż tak łatwo się z nimi godzić: nie chcesz, to nie, OK, idź sobie. Właściwie swój świat ograniczyłem do rodziny.

Bo najbliższym możesz ufać, nie zawiodą cię, nie odejdą?

Tak. I dają mi siłę, a nie odbierają. A ja mam swój cel i chcę się na nim skupić. Żona mi powtarza, że robię błąd, że związki pozarodzinne też są ważne i powinienem inaczej do nich podchodzić. Mam tego świadomość i to już jest krok do przodu.

Spodziewasz się nagrody, bo jesteś nominowany, a tu nic z tego. Co wtedy?

No, kłamał nie będę, czuję rozczarowanie. Ale długo to nie trwa. Nagrody to nie są rzeczy, od których jestem uzależniony. Nie trzymam ich w specjalnym miejscu w salonie.

A te anioły i inne cuda, które stoją tu, w twoim biurze?

Te akurat są tutaj, bo dostałem je za moją ostatnią, pierwszą solową płytę *Składam się z ciągłych powtórzeń*. To było duże ryzyko, a te nagrody to jedne z dowodów, że się udało, że sprostałem i otworzyły się nowe perspektywy.

A z czasów Myslovitz pamiętasz nagrodę, która była dla ciebie ważna?

Na pewno nasz pierwszy Fryderyk to było coś. I Paszporty „Polityki" – nagle znaleźliśmy się w towarzystwie prawdziwych artystów. My, chłopaki z małego miasta, przyjeżdżamy do Warszawy i odbieramy nagrodę razem z Leonem Tarasewiczem i Markiem Bieńczykiem. To było niezwykle nobilitujące.

Złe recenzje cię dołują czy mobilizują?

Przy płycie Myslovitz *Happiness Is Easy* dziennikarze pisali, że coś nam nie wypaliło.

Niesprawiedliwie?

Sprawiedliwie. Na tej płycie było słychać, że nie pracujemy razem, że w zespole walczą ambicje. Nie było kolektywnej pracy, jak na wcześniejszych krążkach. Kiedy ludzie w zespole za bardzo skupiają się każdy na sobie, to efekty wspólnej pracy przestają być wiarygodne, piosenki tracą siłę. Z wielu jestem niezadowolony. Zwykle robiłem je za szybko, w za dużym stresie. Tylko o kilku mogę powiedzieć, że przetrwają dłużej. *Mieć czy być*, *Kilka uścisków, kilka snów* czy *Ściąć wysokie drzewa*. Największą wartość z tamtych czasów ma dla mnie *W deszczu maleńkich żółtych kwiatów*, bo udało mi się w tej piosence dotknąć głębokich emocji. Wcześniej tak mocnym akcentem był dla mnie Lenny Valentino. Po nim przez wiele lat miałem blokadę, że nic lepszego nie napiszę.

Właśnie usłyszałam w Trójce, jak bardzo znany dziennikarz muzyczny mówi, że *Uwaga, jedzie tramwaj* nagrany przez ciebie z Lenny Valentino to najważniejsza polska płyta XXI wieku. Sukces artystyczny, komercyjna klapa.

Gdy przyniosłem skończony album, bardzo różny od demo, mojemu wydawcy Józkowi, czyli Pawłowi Jóźwieckiemu, usłyszałem: „Jak słuchałem tych kawałków przed tymi przeróbkami, to myślałem, że opierdolę ich z pięćdziesiąt tysięcy, a teraz słyszę, że nie dam rady nawet pięciu".

Prawie dostał zawału. Chodziło mu o to, że wcześniej te piosenki przypominały Myslovitz, a ja, nie chcąc, żeby tak było, zrobiłem wszystko, włącznie z zatrudnieniem producenta, żeby to zmienić.

Było mi przykro, ale się uparłem – bardzo chciałem wydać taką właśnie płytę.

Jaką?

Taką, pod którą bez chwili wahania mógłbym się podpisać. Nawet jeśli ktoś uważa, że jest zbyt artystyczna.

Szczerze opowiedziałeś o swoich emocjach.

O czym pisać, jak nie o sobie? Zawsze było mi trudno pisać o czymś innym niż własne emocje. Przy pisaniu tekstów na tę płytę nie planowałem, o czym one będą. Im bardziej się męczyłem podczas pisania, tym głębiej wchodziłem do środka. To wszystko tam było.

Sięgnąłem do dzieciństwa. Rekonstruowałem sceny, przeżycia, mieszałem wspomnienia realnych sytuacji z takimi, o których tylko myślałem, że się zdarzyły.

Były karuzele?
Były.

Dziadek, który cię głaskał?
Tak, dziadek lubił mnie głaskać po plecach.

A misie, które śpią na ziemi?
Nie, nie miałem pluszaków, tylko resoraki – takie samochodziki zabawki na resorach – od wujka z Niemiec. A wiesz, dlaczego napisałem o chudej żyrafie i ślepym słoniu, choć ich nie było?

Nie.
Bo to metafora smutku. Moje dzieciństwo było spokojne, ale chwilami smutne. I lubiłem cyrk.

Skąd pomysł, żeby dać własne kawałki do wyprodukowania innemu muzykowi?
Byłem wstrząśnięty, gdy usłyszałem płytę *Dni wiatru* Ścianki. Emocjonalny majstersztyk. I to polski zespół! Pomyślałem, że mógłbym poprosić Maćka Cieślaka, który wyprodukował *Dni wiatru*, żeby został producentem płyty Lenny Valentino – ale nie facetem od kręcenia gałkami jak w Polsce, tylko, jak na Zachodzie, człowiekiem,

który razem ze mną, wykorzystując kompozycję i teksty mojego autorstwa, wywala wszystko do góry nogami i buduje na nowo. Jeśli ktoś, jak Björk, do każdej płyty bierze innego producenta, to jest gwarancja, że każda płyta jest nowa, świeża, zaskakująca.

Bo pomysłom często jest potrzebne spojrzenie z zewnątrz, poddanie krytyce, zderzenie z gustami innych. Tak powstaje nowa jakość. Człowiek pozostawiony samemu sobie często nie jest w stanie nieustannie zaskakiwać ani siebie, ani tym bardziej innych. Współpraca z innymi może dać nową jakość.

Wybór Cieślaka okazał się trafiony.

Ile się sprzedało?

Kilkanaście tysięcy. Sukces komercyjny to nie był, RMF nigdy nie zagrał ani jednego kawałka, ale recenzje zebraliśmy faktycznie entuzjastyczne. Dostałem za to wiele nagród, w tym Fryderyka w kategorii najlepszy album alternatywny. Dla wielu ludzi to ważna płyta.

Zagraliśmy niewiele koncertów, w tym dwa razy na OFF Festivalu. I w 2010 roku Lenny Valentino przeszedł do historii.

Pierwsza porażka w życiu?

Miałem kolegę w klubie pływackim, był piekielnie zdolny, prawie nie musiał trenować, a osiągał niesamowite wyniki. Doprowadzało mnie to do szału.

Zrobił karierę?

Nie. Wszyscy mu powtarzali, że gdyby trenował, zostałby wybitnym pływakiem. Jest ode mnie młodszy o rok. To był moment, gdy ja byłem uważany za najlepszego. Nagle wyrósł mi rywal, który nie miał pojęcia, jaki ma talent. Megatalent: świetne warunki fizyczne, gibkość, pływalność, kryształ, materiał na zawodnika klasy europejskiej. Olewał treningi, nie przychodził ćwiczyć na salę, zwisało mu, co powie trener, a potem wskakiwał do wody i bił nas wszystkich, ciężko harujących, na głowę. To było straszne, nie do zniesienia. Miałem pełną świadomość, że bez względu na to, ile wysiłku będę wkładał w pływanie, ile godzin wypływam, to mam obok siebie człowieka, który zawsze będzie ode mnie lepszy. Nie mogłem sobie z tym poradzić, to mnie osłabiało psychicznie.

A on tak łatwo, jak łatwo osiągał te niesamowite wyniki, zrezygnował z pływania.

Co się z nim stało?

Poszedł na kopalnię.

Dzieci bardzo odczuwają lekceważenie rówieśników. Miałeś takie doświadczenia?

Trudno radziłem sobie z krytyką kolegów. Nie lubiłem, gdy ktoś do mnie mówił po nazwisku. Nawet dzisiaj mam z tym lekki problem.

Przesadzasz. To sympatyczne nazwisko, ze względu na brzmienie stało się ksywką.

Lubię mieć imię. Jestem Artur Rojek.

A gdy byłem dzieckiem, nie znosiłem dominujących osobników, takich, co to ściągną ci czapkę z głowy albo wcisną ci ją na oczy. Albo cię oplują, schowają ci buty. Albo powiedzą, że twój ojciec to – wiadomo, a matka – jeszcze gorzej.

Zawsze bardzo źle reagowałem na takie sytuacje.

Czyli?

Przeżywałem. Biłem się często. Dla Lenny Valentino napisałem *Chłopca z plasteliny*, w którym jest fragment, że „mali chłopcy z piaskownicy / przyjaciele, lecz złośliwcy / kradną jabłka z drzew, lato kończy się / kasztany gniją, pada śnieg".

Przeżyłem to w pewnym sensie. W prawdziwym życiu stałem w środku, a ktoś rzucał we mnie zgniłymi jabłkami. Przeżywanie bycia ofiarą potęgowało złość. Chciałem za wszelką cenę coś znaczyć. Jak już trafiłem do klubu pływackiego, to chciałem dobrze pływać, bo kiedy dobrze pływałem, zyskiwałem szacunek .

To mnie napędzało. Jednocześnie zawsze byłem uczulony na słabszych. Gdy widziałem, że ktoś jest źle traktowany, stawałem po jego stronie, broniłem go.

Myslovitz miał zrobić wielką zagraniczną karierę. Gdy zgłosiła się do was Anna Marzec,

córka Andrzeja Marca z Pagartu, ze swoim partnerem znanym w świecie manedżerem Henrym McGrogganem, proponując, że wam pomoże, byliście już polską sławą. Jak zareagowałeś?
Byłem zachwycony. Powiedziałem: „Panowie, wchodzimy w to, w ogóle się nie zastanawiajmy". A gdy oni pytali, co z domem, dziewczynami, przekonywałem, że damy radę, musimy dać, bo to jest jedyna szansa, drugiej nie dostaniemy. I naprawdę w to wierzyłem. Choć sam miałem dziewczynę i wiedziałem, że gdy pojedziemy w trasę po Europie, długo nie będziemy się widzieć, to miałem też absolutną świadomość, że w Polsce bardzo rzadko pojawia się ktoś, kto chce cię wysłać w świat.

Brałeś pod uwagę, że może się nie udać?
Nie, tym bardziej że nie było nawet czasu na rozważania, czy się uda, czy nie. Zaczęła się megaprzygoda. Pierwsza trasa z Simple Minds, w którą pojechaliśmy autobusem nightlinerem, to było wielkie *wow*: pierwszy raz byłem w Szwajcarii, w Portugalii, we Włoszech. Graliśmy w paryskiej Olimpii, a kolesie z Simple Minds przychodzili do naszej garderoby przybijać z nami piątkę.

I podobała im się wasza muzyka?
Tak. Byli dla nas bardzo mili.

Za drugim razem takie tournée to też było coś, za trzecim emocje troszkę opadły, za czwartym stało się normalnością. W dodatku chłopaki, którzy tak się bali, że źle będą znosić rozstania z rodziną, jakoś dawali radę. A ja, który tak się zarzekałem, że dam radę, zacząłem pękać. Coraz rzadziej bywałem w domu. W dodatku grając za granicą, nie zarabialiśmy.

Nie rozumiem.

To naturalne. Byliśmy kompletnie nieznanym zespołem ze wschodniej Europy. W Polsce gwiazda, a tam musieliśmy zacząć od zera.

Wydaliśmy płytę w dwudziestu ośmiu krajach. Wytwórnia wytłoczyła ją, rzuciła do sklepów i patrzyli, co się dzieje. Graliśmy dużo na całym świecie. W Szwajcarii zespół zaczął zdobywać popularność. Graliśmy tam dwie indywidualne trasy. Ruszyło też w Turcji. W Stambule na koncert przyszło osiemset osób. Nasze płyty można było kupić, ale nie w sklepie, tylko za dolara na ulicy. Ogromne piractwo.

Myslovitz radził sobie dobrze też w Portugalii, Izraelu, RPA. Brakowało nam jednak sukcesu w kluczowych dla sprzedaży krajach, czyli w Wielkiej Brytanii i Niemczech.

Zagraliśmy transmitowany na cały świat koncert w Royal Albert Hall w Londynie, między innymi z Travis i ze Skin, a angielską wersję piosenki *Długość dźwięku samotności* udało się wprowadzić do bardzo wysokiej rotacji w MTV. Coś się działo, jednak bez wsparcia wytwórni nie mogło się udać. Mieliśmy dobry management, ale wytwórnia tego nie wykorzystała.

To były trzy lata tułaczki, całe dnie w autobusie, w poniedziałek koncert w Oświęcimiu, a za dwa dni w Dublinie. Potwornie wyniszczające.

I w końcu pojawiła się propozycja trasy z bardzo popularnym w tamtym czasie irlandzkim zespołem The Corrs. Trzy atrakcyjne siostry i brat. Trochę rocka, folk, więcej popu. Stylistycznie kompletnie inny świat od naszego. Pomyślałem: no, z Simple Minds mogliśmy się jakoś odnaleźć, z Iggym Poppem już bardzo pasowało, a tu nagle The Corrs – przecież to zupełnie inna publiczność!

Byłem przeciwny, żeby jechać w tę trasę, tym bardziej że mieliśmy grać dwadzieścia osiem koncertów przez miesiąc. Ale dałem się przekonać. I to była masakra. Już ze sobą nie gadaliśmy, w powietrzu wisiała frustracja, że gramy trzy lata bez efektu, nic się nie dzieje, może się zmieni, a może nie. W dodatku miałem wrażenie, że pozostali członkowie zespołu obciążają mnie winą za to, co się dzieje.

Nikt się nami nie interesował; przez całą trasę udzieliłem tylko jednego wywiadu, w Brukseli. Do tego dziennikarz nie zapytał mnie o naszą muzykę, ale o to, co myślę o wstąpieniu Polski do Unii Europejskiej.

Henry z Anką dwoili się i troili, żebyśmy grali. Robili wszystko, żebyśmy zaistnieli. Wsadzali nas na wszystkie możliwe festiwale. Gdy się okazywało, że zagramy w przejściu, a nie w sali, tłumaczyli: „Sorry, ale jak ludzie wyjdą z koncertu Paula Simona i będą szli na koncert

Jamiroquai, to będą szli tym korytarzem i się na was natkną". Wymyślali cuda na kiju, żeby jakoś zwrócić na nas uwagę.

Niezła lekcja pokory, co?

Miałem naprawdę dość. Powiedziałem: „Koniec, ja się z tego wycofuję. Nie ma wystarczających efektów i nie wiadomo, kiedy będą. Nie wyobrażam sobie dalej takiego życia".

Ktoś cię wsparł?

Lala z Jacą. Też byli zmęczeni. Po jakimś koncercie, w małym pokoju w przydrożnym hotelu na Mazurach, powiedziałem, że już dłużej nie będę jeździł.

Anka Marzec się rozpłakała. Pocieszał ją Przemek Myszor, który był skłonny dalej próbować. Ale nie zmieniłem zdania. I to był koniec marzeń o wielkiej międzynarodowej karierze zespołu Myslovitz.

Jedni uważają, że to, co cię nie zabije, to cię wzmocni. Inni, że porażki niszczą. A jak było z wami?

Jeździliśmy razem, ale unikaliśmy siebie. Nie gadaliśmy, nie rozwiązywaliśmy problemów. Jeden obciążał drugiego winą.

Dla mnie to, co się stało, nie było porażką. Naprawdę. To była rzeczywistość, w którą nie chciałem dalej brnąć. Ale to był też świetny okres. Wiele zobaczyłem, dużo się nauczyłem.

Na pewno problemem był mój niewystarczająco dobry angielski – śpiewałem po angielsku, ale rzadko udzielałem wywiadów. Właściwie wolałbym śpiewać w swoim języku – to byłoby mniej sztuczne, bardziej intrygujące, oryginalne, a ja bym się lepiej czuł. Ludzie będą się skupiać na melodii, na głosie, a nie na moim polskim angielskim.

Uczyłeś się kiedyś angielskiego?
Kiedy pływałem, trener przyprowadzał nauczycieli, którzy próbowali nas uczyć języków, między innymi prezesa okręgowego związku pływackiego, który świetnie mówił po niemiecku. Była też nauczycielka angielskiego. W ogólniaku miałem rosyjski i francuski. Gdy poszedłem na studia, też wybrałem lektorat z rosyjskiego. Angielskiego zacząłem się uczyć po studiach i robię to do dziś.

Nie chciałeś wiedzieć, o czym śpiewają te brytyjskie kapele, których słuchałeś?
Nie było mi to potrzebne. Wystarczyło, że wiem, o czym śpiewa Marek Grechuta – jego złote przeboje to była właściwie jedyna polska kaseta, której słuchałem. W przypadku większości muzyki wystarczały mi melodia i wyobraźnia.

Gdy zakładałem zespół, nie wierzyłem, że muzyka, którą chcę grać, będzie dobrze brzmiała po polsku. Więc pisaliśmy piosenki, które na angielski tłumaczyła dziewczyna naszego pierwszego perkusisty Marcina Porczka, i próbowaliśmy je śpiewać. Jak się nie dało, to śpiewałem w swoim wymyślonym języku.

Taką właśnie piosenkę zaśpiewałem na naszym pierwszym koncercie w klubie Olimp na AWF-ie. Był na nim chłopak z Arabii Saudyjskiej, który świetnie mówił po polsku i angielsku. Ktoś go zapytał, czy coś rozumiał z tego, co śpiewałem. Powiedział, że owszem, ale nie wszystko.

Wtedy pomyślałem, że własny język to jest sposób na opowieść. Wiele lat później dowiedziałem się, że tak robi Elizabeth Fraser z Cocteau Twins. Śpiewanie we własnym języku to postawienie na melodię, nie na konkretne słowa. Tak było przez całe moje życie do momentu, kiedy nie zacząłem pisać tekstów, które uznano za fajne – muzyka była dla mnie melodią, aurą, a nie zastanawianiem się, co artysta ma do powiedzenia.

Gdy przygotowywaliśmy z Myslovitz pierwszą angielską płytę, siedziałem z naszym szkockim menedżerem, który non stop poprawiał mój angielski. To była udręka. Powiedziałem wtedy chłopakom z zespołu: „Panowie, po co się tak męczyć. Przecież mógłbym zaśpiewać w swoim własnym języku, może lepiej by wyszło, a ja bym się nie stresował". Ale nikt jakoś nie zareagował entuzjastycznie.

Potem udało mi się zrobić taki numer z Lenny Valentino – ktoś próbował analizować piosenkę *Otto Pilotto*, bo myślał, że jest po angielsku. A ona jest w moim własnym języku. Tak samo robiłem już w przedszkolu, śpiewając koleżance piosenkę Drupiego w swoim języku.

Czy ktoś oprócz Islandczyków rozumie, co śpiewa Jónsi z zespołu Sigur Rós?

Kiedy mogłoby się udać?

Może gdybyśmy urodzili się kilka lat później i zaczęli wcześniej. Gdybyśmy nie osiągnęli sukcesu w Polsce. To tutaj osiągnęliśmy dużo, byliśmy cenieni, szanowani, tu zarabialiśmy pieniądze. Zawsze była jakaś droga z powrotem. Na pewno gdyby nie było tarć w zespole.

To były stracone trzy lata? Czy czegoś cię nauczyły?

Nie, to była super przygoda. Po *Miłości w czasach popkultury* i *Korova Milky Bar* mieliśmy nowe cele. Pojawili się ludzie, którzy w nas uwierzyli, po drodze tacy, którzy nas wspierali, potwierdzali, że to, co robimy, jest dobre. Choćby w Szwajcarii, gdzie funkcjonowaliśmy jako rozpoznawalny zespół. Ostatnio spotkałem dziewczynę, Turczynkę, która pisała o nas pracę magisterską.

Czego mnie to nauczyło? Pokory. W Polsce byłem gwiazdą, wypełniałem Spodek, a potem jechałem na festiwal i grałem o 12.45. Czasem na nasz koncert przychodziło dziesięć osób, a czasem nikt.

Uczyłem się, że pewne rzeczy trwają chwilę – dziś jesteś na szczycie, jutro w środku albo na dnie, więc cały czas musisz się starać, pracować.

Tylko pytanie, jakim kosztem. Kiedyś w święta spędzane w trasie narzekaliśmy: „Henry, zbliżają się święta, mamy dosyć, chcemy do domu, nasze dziewczyny już nie wytrzymują". A Henry, człowiek, który życie spędzał w trasie, jak nie z Iggym Popem, to z Davidem Bowie, jak nie z Bowiem, to z Davidem Byrne'em, przesiadając się z samolotu do samolotu, wzruszył ramionami, jakby nie rozumiał, o co chodzi: „Ale czego one od was chcą? Przecież przywozicie pełne reklamówki prezentów. A że was nie ma w domu? Taka praca".

12. HISTORIA JEDNEJ ZNAJOMOŚCI

Następnego dnia
w internecie pojawił się
mój nekrolog: „Artur Rojek
w wieku 40 lat zginął
w wypadku
samochodowym.
Świeć, Panie, nad jego
duszą".

Ile razy chciałeś w diabły rzucić granie z Myslovitz?
Ze trzydzieści razy w ciągu dwudziestu lat.

Dlaczego?
Były różne powody. Między innymi ten, że kilkanaście lat straszliwie się siłowałem, szukałem odpowiedzi na pytanie, co jest dla mnie istotne, jak złapać balans, znaleźć złoty środek. Trudno było mi połączyć lub rozdzielić życie prywatne i zawodowe. No i trudno szła mi współpraca z niektórymi osobami.

Mówisz jak pracownik korporacji wessany w robotę dwadzieścia cztery godziny na dobę.
Bo tak prawie było, szczególnie w trasie. Był taki moment, w pierwszych latach XXI wieku, gdy nie było mnie w domu pół roku. Grałem cały czas koncerty – jak nie w Polsce, to za granicą. Z jednej strony to było super, bo zawodowo się rozwijałem, mogłem się poświęcić swojej pasji, muzyce. Ale odbierało mi życie. Wykańczałem się, ale długo tego nie zauważałem. Kiedy to dostrzegłem, zrozumiałem, że muszę sobie inaczej zorganizować świat.

Są muzycy, którzy za twój sukces i tryb życia, który prowadziłeś z Myslovitz, oddaliby wszystko, nawet dom i rodzinę. Są też menedżerowie pracoholicy, którzy tak żyją, bo na

przykład muszą zarobić na mieszkania kupione na kredyty we frankach. Są malarze i pisarze, którzy siedzą w pracowniach i gabinetach, zapominając o rodzinie, bo praca jest ich największą pasją.

Mnie muzyka sprawia niewyobrażalną frajdę. Wspaniale jest pojechać w trasę na miesiąc, nawet dwa, a potem wrócić do domu. I w następną trasę ruszyć za pół roku, a nie za tydzień.

Mieć czas na wyleczenie kaca.

Ale w tym wszystkim nie chodziło tylko o to, że nie potrafiłem poradzić sobie z życiem. Na początku nas, muzyków Myslovitz, łączyła wspólna pasja, szybko jednak zaczęliśmy się rozjeżdżać. I nie potrafiliśmy się zjechać. Zbytnio się od siebie różniliśmy, działaliśmy w zaburzonej hierarchii, nie rozwiązywaliśmy problemów na bieżąco, z czasem stawaliśmy się coraz bardziej podejrzliwi wobec siebie.

Zaczęło dochodzić do różnych ambicjonalnych spięć.

Zanim pogadamy o spięciach – jakich fajnych rzeczy nauczyłeś się od kolegów z Myslovitz?

Podoba mi się w ludziach sumienność, pokora, konsekwencja, punktualność. Bracia Kuderscy tacy byli. Długo tworzyliśmy zgraną paczkę. Często się spotykaliśmy. Rzadziej wpadał Wojtek, ale z nim wisiałem częściej na telefonie. Lubiłem ich.

Dlaczego?

Dobrze spędzałem z nimi czas. Podobało mi się, że potrafią znaleźć wspólny język z chuliganami, ale jednocześnie potrafili też pogadać o czymś wykraczającym poza mysłowicki Piosek. Ja byłem podobny: pochodziłem z prostego domu, ale miałem ambicje, żeby iść dalej. Zawsze mi się podobali ludzie, którzy potrafili istnieć jednocześnie w tych dwóch światach. Jacek skończył studia, był adiunktem na polibudzie, ale pamiętał czasy, kiedy znali się ze wszystkimi najgorszymi z Rymery i razem pili jabole na placu.

I nie mówił, że tego nie było?

Nie mówił. Był szczery i to mi się podobało.

Wojtek Powaga wyrósł w innym klimacie, ale jest bardzo fajnym człowiekiem. Ma na zewnątrz duszę spokojnego człowieka, ale myślę, że wewnątrz buzują w nim silne emocje. Gdy był młody i zaczynaliśmy z Myslovitz, miał dziwaczne zasady, które wyprowadzały mnie z równowagi, na przykład: nie mogę mieć dziewczyny, bo muszę się uczyć i skończyć studia; potem znajdę sobie dziewczynę. Nie mogłem tego pojąć.

Inny od nas wszystkich był Przemek Myszor. Pochodził z rodziny nauczycielskiej. Matka uczyła muzyki, ojciec – chórmistrz, sam Przemek przez jakiś czas był nauczycielem. Trochę rozmarzony romantyk. Na początku jego odmienność mi nie przeszkadzała. Imponowało mi, że świetnie grał na gitarze i znał nuty.

Myszor w książce o was *Życie to surfing* mówi o tobie okrutne rzeczy: „Ma swoje cele, bez skrupułów je realizuje, skryty, lubi wszystko kontrolować".

Też mam swoje zdanie na jego temat, ale w związku z tym, że minęło trochę czasu od naszego rozstania, to nabrałem dystansu i nie chcę nikomu sprawiać przykrości. O co chodzi? Po prostu trudno nam było się ze sobą dogadać, różniliśmy się i obaj byliśmy ambitni.

Jak do was trafił?

Nagrywaliśmy drugą płytę, namówieni przez wytwórnię, żeby wykorzystać pozostałe po sesji piosenki, których nie chcieliśmy na pierwszej płycie.

Byłem wtedy na drugim roku AWF-u i miałem do zaliczenia jakiś długodystansowy bieg. Na drugi dzień po zaliczeniu obudziłem się cały zdrętwiały. Ręce, skóra, nogi. Tego dnia miałem zajęcia na basenie, myślałem, że skurcze odpuszczą. Nic z tego: gdy tylko wskoczyłem do wody, poczułem, jakby moja skóra była oddzielona od ciała.

Nigdy czegoś takiego nie przeżyłem, więc poleciałem do lekarza. Neurolog zrobił jakieś badania i przepisał mi zastrzyki z witaminami. Brałem te zastrzyki, palce miałem cały czas zdrętwiałe, nie mogłem grać na gitarze.

Przy trzeciej serii zastrzyków straciłem przytomność.

No i już było wiadomo, że potrzebujemy gitarzysty, bo ja nie daję rady. Wymyśliłem Myszora, który grał w mysłowickim October's Children. Imponował nam: kiedy dostali szansę zagrania w Spodku na jakimś festiwalu i okazało się, że ich basista miał wesele, przyszli po prośbie do Jacka Kuderskiego, żeby zagrał z nimi. Powiedziałem wtedy: „Kurde, Jacek, ale szansa dla ciebie!". Pamiętam, że wtedy poszedłem zobaczyć, jak grają. Zagrać w Spodku to było wtedy naprawdę marzenie.

No i wszyscy wiedzieli, że w tym zespole gra dobry gitarzysta, który się nazywa Myszor. Ale nigdy w życiu do głowy by mi nie przyszło, żeby taki początkujący muzyk jak ja mógł zaproponować mu granie. Odważyłem się dopiero po wydaniu pierwszej płyty, kiedy byliśmy znanym zespołem, pierwszym zespołem w mieście z prawdziwym kontraktem. Poszedłem do niego, powiedziałem: „Słuchaj, stary, jest taka sytuacja, że ja mam problem z rękami. Więc chciałbym, żebyś na chwilę do nas dołączył".

No i dołączył. I został. Dostał taką samą działkę jak wszyscy, a od trzeciej płyty pisał też z nami piosenki.

To w czym problem?

Przemek różnił się od nas mentalnie. Miał inną energię. Był mniej chuligański, a bardziej intelektualny. A na co dzień działał według innych zasad, których myśmy się trzymali, na przykład: nie spóźniamy się, codziennie chodzimy na próby, pracujemy konsekwentnie bez szukania wymówek.

Przemek był wiecznie w niedoczasie. Co chwila z tego powodu wybuchały kłótnie, że się spóźnia albo nie przychodzi na próby. A to żona zabrała mu samochód, a to dziecko musiał odebrać ze szkoły, a to pranie mu jeszcze nie wyschło... Żeby to uporządkować, wprowadziłem zasadę, że gdy ktoś się spóźnia, płaci kasę. Myślałem, że to pomoże, Przemek zapłaci raz i drugi i przestanie się spóźniać.

A on powiedział, że nie ma mowy, nie będzie płacił. I dalej się spóźniał. Kiedyś powiedział mi, że nie po to został artystą, żeby wstawać wcześnie rano. Ja przeciwnie: wstaję wcześnie rano, żeby być artystą. To była głęboka różnica w postrzeganiu świata, która się przekładała na funkcjonowanie w codziennym życiu.

Myślę też, że jako piąta osoba w grupie naturalnie podzielił siły w zespole. Z jednej strony byli bracia, z drugiej – on z Wojtkiem, a w środku ja, który mediowałem, kiedy nie mogli się dogadać. A bywało, że mieli kompletnie różne wizje życia i muzyki i wtedy było ciężko. Bo ambicje, upór, stawianie na swoim.

Jak pięciu ambitnych i upartych facetów o różnych gustach muzycznych spina się, żeby się dogadać i mimo wszystko nagrać piosenkę albo płytę? Albo razem wyjść na scenę?

Przez wiele lat tłumaczyliśmy sobie, że możemy się różnić jako ludzie, ale gdy gramy, to odkładamy ambicje i wszystko funkcjonuje jak w dobrze naoliwionej maszynie. Myśleliśmy, że można się nie spotykać, nie przyjaźnić, nie kumplować, a mimo to wyjść na scenę i zrobić ogień. Robiliśmy, ale w końcu ten ogień też się wypalił.

Kiedy ścięliście się po raz pierwszy?

Kiedy wydawaliśmy płytę *Z rozmyślań przy śniadaniu*, zaproponowałem, żebyśmy podpisywali piosenki nazwiskami autorów, a nie kolektywnie, grupą, jak to robiliśmy na początku, nie myśląc o tym, z czego będziemy żyli, kto będzie w przyszłości zarabiał na piosenkach.

Wszystkim dzieliliśmy się równo: i dochodami z koncertu, płyty, i wpływami z kontraktu reklamowego – bez względu na to, ile kto się napracował. Na tej płycie było dużo moich piosenek, z których czułem się dumny. I zależało mi, żeby je podpisać swoim nazwiskiem.

Ale reszta nie chciała się zgodzić. Dzisiaj myślę, że ta cała afera nie była potrzebna.

Uznali cię za egoistę.

Dzielenie się równo wydatkami i zyskami jest uczciwe, gdy wszyscy równo angażujemy się w pracę, a wtedy było inaczej. Ja jednak nie chciałem zmieniać naszego układu finansowego. Chodziło tylko o podpisanie piosenek zgodnie z tym, kto co zrobił.

Przy *Miłości* doszło do konfliktu o to, kto ma reprezentować zespół, być jego twarzą i udzielać wywiadów. Chłopaki zaczęli mieć do mnie pretensje, że jak udaje się zrobić coś wartościowego, to cały splendor spływa na mnie.

Nie było tak?

Nie. Cały splendor na pewno nie spływał tylko na mnie. Polska znała zespół Myslovitz, który miał rozpoznawalnego wokalistę, Artura Rojka. I tyle.

Mam wrażenie, że zespół nie przeszkadzał mi w aktywności, to ja przeszkadzałem zespołowi. Pamiętam rozmowę telefoniczną z Przemkiem, w której powiedziałem mu, że nie zamierzam opierać swojego życia wyłącznie na bandzie, że chcę pracować też na siebie. Pokłóciliśmy się. To, co powiedziałem, było szczere i nie znaczyło, że chcę mniej angażować się w zespół, ale od tego czasu Myszor zaczął na mnie patrzeć jak na człowieka, dla którego własne sprawy są ważniejsze od tych zespołowych.

Jakiś czas później chłopaki poza mną, bez konsultacji, próbowali wprowadzać nowe zasady, które miały ułatwić postrzeganie grupy jako kolektywu. Dowiadywałem się tego od naszego menedżera. Na scenie mieliśmy stać w półkręgu, żeby wszystkich było dobrze widać, konferansjer musiał zwracać uwagę, żeby zapowiadać zespół i nie wspominać o Rojku, na zdjęciach najlepiej, gdybym nie stał na środku, i tym podobne... Było mi w zespole coraz ciaśniej, coraz bardziej uwierał mnie ten układ. Moja ambicja mówiła: halo, tu nie ma dla ciebie miejsca!

Ale ciągle nie byłem gotów odejść, więc zacząłem szukać innych dróg, możliwości, które pozwolą mi jednocześnie na pozostanie w zespole i realizowanie własnych ambicji.

No i w mediach podawano, że Rojek napisał piosenkę do reklamy, Rojek założył projekt Lenny Valentino, Rojek to, Rojek tamto... I cały pomysł, żeby odciągnąć uwagę ode mnie, palił na panewce.

Nie mogłeś siedzieć cicho?

Nie mogłem. Lubiłem moje zajęcia. Każdy z nas mógł tak robić. Ale chłopaki nie robili, bo uznawali, że tylko znana twarz gwarantuje sukces. Myślę, że rozbiliśmy się o swoje ambicje.

Jeden z twoich kolegów z zespołu mówi z przekąsem: „No cóż mogę powiedzieć, znana w Polsce persona".

Jaca. Nie wiem, o co mu chodziło. On miewa takie dziwne sformułowania.

Wojtek Kuderski mówi, że jesteś „niełatwy we współpracy".

Żaden z nas nie był łatwy. Mam świadomość, że bywam trudny. Od jakiegoś czasu, gdy wchodzę w kolejne relacje zawodowe, uważam, żeby nie powtarzać błędów z przeszłości. Bywam uparty. Chociaż z jednej strony chciałem coś robić w grupie, to z drugiej niełatwo było mi iść na kompromis, zwłaszcza kiedy trzeba było się dogadać nie w dwie osoby, ale w pięć. Drażniło mnie to, męczyło i rozczarowywało. Raz, drugi, trzeci doszło do konfliktu i wycofywałem się: niech będzie, jak ma być, niech się toczy własnym rytmem, rządźcie się sami. I wtedy chłopaki byli rozczarowani, że odpuściłem i nie ma lidera. Że nie zależy mi na Myslovitz. Bo oni z jednej strony chcieli, żeby w zespole było pięciu liderów, a z drugiej, żeby był jeden, który prowadzi zespół. To nie do pogodzenia.

Ale po roku, dwóch wracałem i wkurzony, że to nie funkcjonuje, tak jak powinno, próbowałem gwałtownie nadrobić stracony czas. Oczywiście się nie udawało, bo kierowanie czymś, co odpuściło się na tak długi czas, jest trudne, właściwie niemożliwe. Dlatego raz byłem liderem, kiedy indziej się wycofywałem.

Można z tobą zwariować.

Gdy zakładałem Myslovitz, brałem wszystko na siebie: ustalałem godziny prób i ile mają trwać, kazałem chłopakom rozwieszać plakaty, hmm, nawet zmieniać buty i koszulki, żebyśmy wyglądali jak porządny gitarowy zespół. I jak słyszałem: po co to, kto nam za to zapłaci, lepiej grajmy na weselach, przynajmniej zarobimy jakąś kasę, trafiał mnie szlag. Rozumiem, że ktoś był zmęczony, ale mieliśmy przecież cel i ten cel powinien nas gnać do przodu. Wizja.

Skąd ci się brała ta determinacja?
Inspirowały mnie wyobrażenia, no i potrzebowałem miejsca, rzeczy, z których byłbym dumny.

Nie mogłeś zastosować technik, które pociągnęłyby resztę muzyków za tobą?
Chyba nie umiałem. Wychowałem się jako jedynak. Większość decyzji w życiu podejmowałem samodzielnie. Niby byłem w paczce kolegów, ale funkcjonowałem jak wolny elektron. Prowadziłem samotnicze życie. Miałem kolegów, nie przyjaciół.

Lider w grupie musi się uczyć współpracy i zarządzania innymi. Zarządzanie dla mnie było kłopotliwe, kiedy natrafiałem na duży opór.

Odkrywałem to w sobie stopniowo przez lata. Teraz mam bogatszą świadomość.

Potrafiliśmy razem grać, jednak nie potrafiliśmy współpracować.

A próbowaliście robić coś wspólnie poza graniem?
Niedaleko od centrum Mysłowic, przy ulicy Portowej, była restauracja Drei Keiser Ecke, hotel i teatr. Te budynki, z XIX wieku, pokazał mi znajomy. Oszalałem. Nie miałem pojęcia, że w tym mieście jest coś tak pięknego.

Wpadłem na pomysł, żeby zrobić w jednym z tych budynków knajpę, która byłaby miejscem pamiątek po Myslovitz. Ściągałaby naszych fanów do Mysłowic.

Mówię chłopakom: „Panowie, zróbmy to. Zawiozę was tam". Jeden nie przyszedł w ogóle, drugi mówi: „Ja w to nie wchodzę", trzeci: „No dobra, spoko, mogę wejść", a czwarty, że może wejdzie. Wszystko się rozlazło, pomysł upadł.

Wcześniej założyliśmy spółkę, żeby się razem rozliczać. Jacek, który został księgowym, cały czas narzekał, że wszystko na jego głowie: „Kurwa, was nic nie interesuje, wszystko muszę sam liczyć". Bez sensu – powiedziałem i wystąpiłem ze spółki.

Kiedy indziej pomyślałem, że skoro jesteśmy z Mysłowic, nazywamy się Myslovitz, zróbmy w naszym mieście festiwal. Jeden chciał, drugi nie chciał, trzeci chyba chciał, czwarty się nie odezwał. Pomyślałem: robię to sam. Udało się, OFF Festival się spodobał, ja złapałem drugi oddech.

Nasz problem polegał na tym, że nie rozwiązywaliśmy problemów. Przemilczaliśmy je.

Efekt był taki, że gdy był problem, czy festiwal ma zostać w Mysłowicach, czy samorząd ma się do niego dołożyć, czy nie, to Lala, który był już radnym miejskim, był przeciwko festiwalowi. Wtedy cały czas graliśmy razem koncerty, a po nich piliśmy wódkę. Ani on nie zagadał, ani ja. Zachowywaliśmy się jakby nigdy nic. Nie próbowaliśmy się porozumieć. Była w nas niewypowiedziana złość. To musiało się rozpieprzyć.

Przydałby się wam dobry psychiatra.

Nasz menedżer Pilarczyk próbował między nami mediować, ale nie bardzo mu to wychodziło. Raz stawał po mojej stronie, raz po ich. Tu jeden muzyk do niego dzwoni, że chce być widoczny w telewizji jak wokalista, tu drugi, dlaczego reklamę zrobił Rojek, a nie zespół, a muzykę do filmu Krzyśka Krauzego robi Myszor z Powagą. Te wszystkie rzeczy, które w innych zespołach są normalne, bo na bieżąco przedyskutowywane, nawet przekłócone, w końcu rozwiązywane, u nas były zamiatane pod dywan. A milczenie powodowało, że przestaliśmy sobie ufać.

Z biegiem czasu Przemek Myszor zbliżył się do braci, a Wojtek Powaga stanął obok. W sporach zwykle nie zajmował stanowiska. Nie był ani tu, ani tam, usprawiedliwiony, bo bez zdania. Ta neutralność też nie była w porządku.

Im dalej od siebie byliśmy, tym bardziej myślałem o sobie, że nie chcę, żeby to tak wyglądało, jak wygląda. I że muszę wreszcie coś postanowić. Dziesięć lat temu na trasie w Szwajcarii z każdym z chłopaków rozmawiałem oddzielnie, ale to nic nie dało. Jedni mówili, że nie widzą żadnych problemów, drudzy wchodzili ze mną natychmiast w zwarcie. I była awantura.

Pięć ostatnich lat zespołu to była już męczarnia. Nim wyjechaliśmy na koncert, chciałem to mieć za sobą. Były takie trasy, że wsiadaliśmy do samochodu i nic nie gadaliśmy, wysiadaliśmy, szliśmy do hotelu, każdy do swojego pokoju, wychodziliśmy z pokojów, graliśmy koncert i jak czasem się napiliśmy, to zaczynaliśmy gadać. Straszne.

Pomogłaby wam psychoterapia? Taka, którą zafundowali sobie muzycy Metalliki, kiedy wiedzieli, że już nie mogą się sami dogadać?
Chciałem to zrobić, ale nie pamiętam, czy zaproponowałem to chłopakom, czy nie.

Pamiętam natomiast, że gdy jeden z naszych menedżerów miał problem z alkoholem, powiedziałem, że powinien pójść na psychoterapię. I wtedy chłopaki krzyknęli: „A co to, kurwa, wariat?!". Zrozumiałem, że w życiu nie dadzą się zaciągnąć na żadną psychoterapię, bo nie będą się nikomu spowiadać. Bo nie są „wariatami". I że będzie z nami jak zawsze: jeden pójdzie, drugi nie, trzeci nie będzie pewny, a czwarty uda, że nie dosłyszał propozycji.

Jak powiedziałeś chłopakom, że odchodzisz?
W Warszawie, po koncercie w Stodole.

Pod klubem? W taksówce?
W hotelu podczas spotkania. Zwykłe spotkanie po koncercie. Powiedziałem coś w stylu: „Panowie, dalej nie możemy tak funkcjonować. Nie potrafimy się dogadać, coraz gorzej gramy, w ogóle ze sobą nie rozmawiamy. Dzielimy się wszystkim po równo, ale wciąż macie do mnie pretensje". Kiedy to powiedziałem, poczułem, że oni to usłyszeli po raz pierwszy. I jakby w nich coś uderzyło.

Nie spodziewali się?

Nie. Byłem cały w emocjach, choć przecież z pół roku wizualizowałem sobie, jak to zrobię. Bo wiedziałem, że dalej tak nie pociągnę.

I jak zamilkłem, nagle chłopaki się odblokowali. Jak gdyby nagle zniknęły te wszystkie lata, kiedy się kłóciliśmy. Wróciliśmy do początków. Myszor powiedział: „Wiem, wiele razy robiłem chujowe rzeczy, ale teraz jestem mądrzejszy, patrzę na to inaczej". A Jacek do mnie: „Kurde, bo ja się boję do ciebie mówić". Zaczęliśmy stykać, szczerze gadać. Gdy wychodziliśmy z Pilarczykiem z tego spotkania, powiedziałem: „Zmiękłem, nie jestem już pewien, czy chcę odejść".

Co odpowiedział?

„Poczekaj, prześpią się z tym, przegadają i na następnym spotkaniu będzie inaczej".

Następnego dnia w internecie pojawił się mój nekrolog: „Artur Rojek w wieku 40 lat zginął w wypadku samochodowym. Świeć, Panie, nad jego duszą".

Gdy spotkaliśmy się po raz kolejny, w Mysłowicach, w naszej sali prób, było zupełnie inaczej niż w Warszawie. Kompletny luz, Lala gwiżdże, Myszor gra na gameboyu. Ktoś pyta: „I co, jaka twoja decyzja?".

To ja mówię: „Podtrzymuję, odchodzę".

„OK, to my gramy razem dalej" – usłyszałem.

Pamiętam, że gdy wyszedłem z sali prób i zamknąłem za sobą drzwi, zobaczyłem, że jest piękna pogoda. I poczułem, że z serca spadł mi wielki kamień. Tak się to skończyło.

13. POD PRĄD

Życie nie jest bezpieczne.
Gdy słuchasz muzyki,
masz poczuć prawdziwy
smutek, żal, rozpacz
albo prawdziwą radość.
Prawdziwą, do końca.
Nic pomiędzy.
Na tym to polega.
Bez kompromisów.

Mówisz, że widziałaś mnie na OFF-ie, jak wchodzę w tłum podczas koncertów i przyglądam się ludziom?

No, tak robię. Patrzę na twarze, czy jest w nich zainteresowanie, czy obojętność, radość czy nuda, fascynacja czy chillout.

Po to robię ten festiwal, żeby ludzie dobrze się czuli. Muszę sprawdzać, czy wszystko jest OK: czy dobrze słychać, widać, czy ludzie czują się bezpiecznie, czy mają co jeść, czy kolejki do toi toiów nie są za długie.

No i najważniejsze: czy jest energia, czy coś się między ludźmi, nad nimi zdarzyło. Jeślibym zobaczył, że nic się tam nie dzieje, byłbym zawiedziony. Uznałbym, że festiwal się nie udał.

* * *

Pytasz, czy żyję alternatywnie. Żyjemy z żoną prosto i jak coś się nam nie podoba, to się buntujemy: czy chodzi o wybór krzesła do domu, czy sposoby na spędzanie wakacji. Nie lubimy chodzić ubitymi drogami, wolimy szutrowe ścieżki. To bardziej interesujące.

Nie, nie dlatego, żeby się wyróżniać, po prostu tego potrzebujemy, to uważamy za lepszy, bardziej wartościowy dla nas wybór.

Czasami moje decyzje wynikają z tego, co czuję: na przykład ludzie lubią komplikować sobie różne sprawy, a ja wolę proste życie. Ale czasem się buntuję przeciwko temu, co jest powszechnie przyjęte jako *cool*, obowiązująca moda. Niektórzy mówią: o, Rojek znowu na bakier.

Trudny jest. Ale to nie jest wykoncypowane, po prostu tak czuję i już.

Mówię dzieciom: zawsze wybieraj inaczej, szukaj własnej drogi, ale nie robię tego często, nie naciskam. One widzą, jak żyjemy, uczestniczą w naszych wyborach, spotykają się z naszymi znajomymi, słyszą, czego słuchamy, widzą, co oglądamy, co nas wzrusza albo rozśmiesza, jeżdżą z nami na wakacje, jedzą to, co my, bywają w podobnych miejscach, dużo rozmawiamy, więc pewnie wiele od nas przejmują.

Skąd mi się to wzięło? Gdy zacząłem szukać dla siebie przestrzeni i znalazłem ją w muzyce, to się okazało, że moje wybory nie są akceptowane przez moich bliskich. Pomysł na bycie muzykiem uznano za głupi bez dyskusji, argumentów. Nie, bo nie. Strasznie mnie to wkurzyło, poczułem, jakby mnie ktoś podpalił. Zamiast się zniechęcić, utwierdziłem się w swoim wyborze.

Opór mnie nakręcał, na byciu innym budowałem swoją tożsamość. I to napięcie między budowaniem a oporem ciągle we mnie tkwi. Nie wyobrażam sobie już życia, które polegałoby na tym, że płynę z prądem, po linii najmniejszego oporu.

* * *

OFF Festival wziął się stąd, że jestem megaperfekcyjnym kolekcjonerem dźwięków. Zawsze je zbierałem: najpierw na analogach, potem na kasetach, empetrójkach.

Oglądałem, czytałem, wyszukiwałem, zapisywałem. Najpierw z przypadkowo, potem z coraz bardziej świadomie zbieranych dźwięków budowałem świat mojej muzyki.

Zawsze przyciągałem podobnych do siebie fanów muzyki. Z czasem miałem ich więcej i więcej. I głębokie poczucie, że takich jak my – słuchaczy takiej, a nie innej muzyki – jest znacznie więcej, tyle że nie mamy miejsca, gdzie możemy się spotykać, rozmawiać, słuchać.

Przez długi czas panowało przeświadczenie, że skoro czegoś nie ma w dużych komercyjnych rozgłośniach radiowych czy w telewizji, to znaczy, że nikt tego nie potrzebuje. Że lubimy tylko te piosenki, które znamy. A to nieprawda. Jeśli czegoś nie puszcza radio, nie umiemy tego znaleźć w internecie, to jak mamy tego słuchać i to polubić?

Nauczyłem się puszczać ludziom muzykę, którą uważam za świetną, z takim przekonaniem, że krzyczą podnieceni: o tak, to rzeczywiście dobre, znakomita muza!

Festiwal wymyśliłem na takiej właśnie zasadzie: puszczam ludziom muzykę i liczę, że będą krzyczeć, że jest świetna.

* * *

Dlaczego OFF? Bo na przekór oczekiwaniom. Swoim i ludzi. Pod prąd. Spoza głównego obiegu.

Choć szczerze mówiąc, żałowałem trochę, że wymyśliłem taką nazwę, bo jak zrobiliśmy się popularni, to tych offów przybyło: Off Piotrkowska, Off Fashion, Off Plus Camera. Nawet był festiwal Off Off!

Mówisz, że spoza głównego obiegu jest też Zespół Pieśni i Tańca Śląsk?

No, jakoś jest. Każdy, kto słucha muzyki, ma granicę między alternatywą i mainstreamem w swojej głowie. Dziś coraz częściej te światy się przenikają: mainstream docenia alternatywę, a alternatywa nie głosi, że mainstream to obciach. Jedni czerpią z drugich. Bywa, że ludzie, którzy wywodzą się ze środowisk alternatywnych, nagrywają przeboje, które trafiają do rozgłośni radiowych. Muzyka tylko na takim przenikaniu zyskuje: powstają kawałki dobrze zagrane, zaśpiewane, zaskakujące odmiennością.

No tak, sam się dziwię, że miałem odwagę szarpnąć się na robienie imprezy poświęconej muzyce, która nie jest popularna. Wielu pewnie pukało się w głowę. Ale dla mnie to było bardziej interesujące.

Gdy ludzie, wyjeżdżając już po zakończonym festiwalu, podchodzą do mnie i mówią, że się nie spodziewali, że OFF może dawać tak zajebistą muzykę, że atmosfera jest najlepsza, pękam z dumy. Tym bardziej że to są często ludzie, którzy nigdy nie słuchali alternatywy. I którzy przyjechali do Katowic, bo opowiadałem o festiwalu w jakiejś telewizji śniadaniowej.

Czy alternatywa w telewizji śniadaniowej to zdrada? Zanim staliśmy się rozpoznawalną marką, nie miałem zbyt wielu innych możliwości zareklamowania OFF-u, więc zaplanowałem takie występy z premedytacją. Chciałem się przebić ze swoim pomysłem do jak największej liczby ludzi. Działało też zaskoczenie: człowiek, który śpiewa dobre popowe piosenki, robi festiwal muzyki alternatywnej. No, na czymś takim nie da się umrzeć z nudów.

Wiedziałem, że jak tym nie zagram, nie połączę różnych elementów, to nie wypromuję festiwalu. Więc szedłem wszędzie, gdzie mnie chcieli słuchać.

* * *

Ludzie chodzą bezpiecznym środkiem jezdni, a ja chodzę po obrzeżach. Że ryzykowne?

Życie nie jest bezpieczne. Ten festiwal ma zaskakiwać. Gdy słuchasz muzyki, masz poczuć prawdziwy smutek, żal, rozpacz albo prawdziwą radość. Prawdziwą, do końca. Nic pomiędzy. Na tym to polega. Bez kompromisów.

Że ludzie mówią, że przestałem lubić prostą gitarową muzykę? Przynudzam? Szukam drugiego dna?

Dla przyjemności zawsze będę słuchał prostej gitarowej muzyki, ona jest we mnie najgłębiej. Ale chcę wiedzieć, co się dzieje gdzie indziej, penetruję gatunki, płyty, szukam. Wystarczy, że ktoś rzuca nazwiskiem, że fajne, a już w to wchodzę, słucham jednej płyty, potem następnej. I czasem zapędzam się w rejony, które mnie samemu są obce. Prawdziwa przyjemność to poszukiwanie i poznawanie.

To, co dla kogoś, kto lubi prostą gitarową muzykę i do niej się ogranicza, jest nudą, dla mnie bywa kreatywne i inspirujące.

Tym bardziej gdy robię tego typu festiwal. Każdego roku gra w Katowicach sto zespołów. Żeby je wybrać i żeby się nie powtarzały w żadnej edycji, muszę posłuchać kilkuset nowych kapel. Przyznaję: słucham dużo, ale i wyrywkowo, trochę tego, trochę tamtego. To daje mi obraz tego, co się dzieje w muzyce alternatywnej, wiem, o co w niej chodzi – i daje mi przyjemność.

Robimy swoje, najlepiej, jak potrafimy. Mam coraz większą świadomość, że festiwal ma swoich fanów i swoją historię.

Znają nas nie tylko w Polsce, ale też szeroko poza nią. W zeszłym roku magazyn „Time" wybrał OFF jako jeden z czternastu najlepszych festiwali na świecie. To coś, nie?

* * *

Przyjeżdża do Katowic kilkanaście tysięcy ludzi, bardzo różnych. Najwięcej między osiemnastym a dwudziestym ósmym rokiem życia, trochę mniej między dwudziestym ósmym a trzydziestym szóstym. Ale na festiwal przyjeżdżają też rodzice z małymi dziećmi i starsi. To nie jest tylko festiwal dla młodych hipsterów, ale dla freaków różnego rodzaju – fanów muzyki alternatywnej, którzy na pamięć znają nazwy zespołów, ale i dla tych, którzy coś tam słyszeli w Trójce i przypadło im do gustu.

Na pewno nie jest to festiwal dla ludzi, którym zwisa, co tam będzie, muzyka jest dla nich tłem do picia piwka na trawie jak na klasycznych piknikach, imprezach miejskich czy wielu innych festiwalach.

Raczej jest dla takich ludzi, którzy są czegoś ciekawi, szukają inspiracji, atmosfery.

Artystów ze świata wybieram sam. Ale wybory konsultuję z radą programową, znajomymi i bywa, że zmieniam decyzje, wymieniam zespoły. Właściwie cały czas weryfikuję swoje decyzje.

OFF Festival jest muzycznie mocno eklektyczny, przyjeżdżają do nas skrajnie różni ludzie i budzą skrajnie różne emocje. Tym, co ich łączy, jestem ja. To mnie poruszyły Ogoya Nengo and The Dodo Women's Group – starsze panie z Kenii, które śpiewają muzykę ze swojej wsi, i we mnie wywołała emocje wykoncypowana matematyczno-metalowa muzyka Amerykanów z The Dillinger Escape Plan.

To zupełnie różna muzyka, budząca różne uczucia, jak w życiu, raz jesteś taki, raz inny. Dlaczego nie pokazywać ich razem?

Czasem szukam artystów z kontekstami na przykład społecznymi albo ludzi, którzy wybierają zaskakujące muzyczne drogi, podejmują decyzje inne od tych, które akceptuje większość. Dwa lata temu zaprosiłem na festiwal dziewczynę, która jest siostrą Beyoncé. Solange powędrowała w rejony dalekie od rozpoznawalnego, bardzo popularnego popu śpiewanego przez jej siostrę.

Oprócz tego, że to dobry pop, za którym stali ludzie ze świata undergroundu, jakoś specjalnie mnie nie ruszała. Ale kontekst był dla mnie interesujący. W końcu odwołała koncert, nie przyjechała, ale opowiadam ci o niej, żebyś wiedziała, czym się kieruję przy wyborach artystów na OFF.

Zapraszanych przez siebie artystów często wcześniej nie widzę na scenie. Nie mam pojęcia, jak się zaprezentują, co pokażą, jaki będzie efekt. Sam bywam zaskoczony. I wtedy jest najlepiej: gdy jest zaskoczenie i wkręceni w muzykę ludzie.

Ale nie zawsze się udaje.

Ponad miarę udał się koncert faceta, który nazywa się Charles Bradley. Do sześćdziesiątego roku życia udawał Jamesa Browna i śpiewał po barach w Stanach. Miał ciężkie życie. Wiele lat mieszkał na ulicy. A potem ktoś, komu podobał się jego głos, zaproponował mu nagranie płyty z muzyką soul w starym stylu. Bywał już w Polsce, opowiedział mi o nim Marek Zieliński z katowickiego festiwalu Ars Cameralis, że podczas jego koncertu w klubie Hipnoza dziewczyny płakały. A była ich garstka, bo nikt się nie spodziewał takiej muzyki.

Zdecydowałem, żeby wystąpił na dużej scenie, bo choć nie widziałem go na żywo, czułem, że to może być wydarzenie. I było: zaskoczenie i wzruszenie, płakały tysiące ludzi, płakał Bradley.

A jak Solange odwołała koncert, zaprosiłem zespół tajskich muzyków, starszych panów z Tajlandii odkrytych przez europejskich producentów. Wyobrażasz sobie tajską, azjatycką muzykę psychodeliczną? Gdy uśmiechnięci, łagodni starsi panowie wyszli na scenę w Katowicach, cały festiwal zaczął tańczyć, chociaż ludzie słyszeli ich pierwszy raz w życiu.

To było coś.

Na OFF Festivalu swój pierwszy koncert w Polsce zagrał zespół The National, który krótko potem stał się najważniejszym amerykańskim zespołem alternatywnym od czasów R.E.M.

Najbardziej magiczny wieczór to był koncert The Flaming Lips w 2010 roku – na pięciolecie festiwalu i pierwszy raz w Katowicach. Wzruszenie i radość, ze sceny płynęła pozytywna, kolorowa, niezwykła energia, która porwała ludzi. To był trochę teatralny spektakl zrobiony przez mądrych dojrzałych ludzi, którzy zachowali dziecięcą wrażliwość. Do tego genialnych muzyków.

Albo Patti Smith, która zagrała swoją płytę *Horses* sprzed czterdziestu lat. Bo to nie był tylko koncert. To był *message* wysłany dla świata. Hippisowskie apele o pokój, niby-oldskulowe, nabierają dziś, w kontekście tego, co się dzieje wokół nas, nowej świeżości i siły. W dodatku ta osobowość Smith! Jest zaangażowana szczerze, niczego nie udaje i ludzie to czują. Dlatego naprawdę się wzruszyli. Wiedziałem, że Patti Smith jest w dobrej formie, bo docierały do mnie wieści z różnych muzycznych festiwali, ale nie podejrzewałem, że to będzie takie wydarzenie.

Że starsza kobieta zostawi po sobie coś, czego nie zostawił żaden młody zespół.

Ona bierze siłę z siebie. Ze swoich przeżyć, z przeczytanych książek, ludzi, których poznała. Jest nie tylko wokalistką, ale i pisarką, poetką. Potrafi przerobić to, czego doświadcza. Nieprzypadkowo jest tak ogromną osobowością.

„Twarze starszych kobiet są piękniejsze niż te nowe". Patti Smith chce żyć, czuć pełnię. Jest zadziorna i to jest mega. Nie ma znaczenia, że ma dużo lat.

* * *

Czy nie bałem się odpowiedzialności za tak ogromne przedsięwzięcie logistyczne, podczas którego występuje sto zespołów i słucha ich kilkanaście tysięcy?

Próbowałem już robić koncerty w czasach, kiedy granice były zamknięte, a ze Śląska ludzie jeździli do Berlina. Gdy nie wypaliło, poszedłem do władz Mysłowic i zaproponowałem, że zrobię sylwestra na rynku. Innego niż jakikolwiek wcześniejszy. Na szczęście nie udało się, bo może do dziś bym robił sylwestry, drąc koty z lokalnymi politykami.

Aż w końcu wymyśliłem OFF. Na początku wciągałem w to różnych ludzi: brata mojej żony, jego żonę, kuzyna, który zajmował się grafiką komputerową. Wszyscy patrzyli na mnie zdziwieni, uznali, że to jakaś moja kolejna fanaberia.

Zapytałem chłopaków z Myslovitz, czy w to wchodzą. Nie zdecydowali się, to uznałem, że robię sam, i poszedłem do miasta.

Przygotowałem plan. Miałem wizję. Poza tym rok wcześniej zorganizowaliśmy w Mysłowicach koncert w dziesiąte urodziny zespołu. Ściągnęliśmy różne zaprzyjaźnione zespoły, które śpiewały nasze piosenki – wymyśliłem Edytę Bartosiewicz, Leszka Możdżera, Raz Dwa Trzy, Anię Dąbrowską – i to była udana impreza, pierwsza na kąpielisku Słupna. Oni się zgodzili, wydawałem im się wiarygodny.

No i zrobiłem festiwal z pomocą miasta. Ja byłem pomysłodawcą całości. Pierwsza edycja wypaliła, więc zrobiliśmy drugą. Dochodziło obowiązków, o których wcześniej nie miałem pojęcia, więc zacząłem skupiać wokół siebie ludzi.

Na początku ze wszystkimi gadałem sam: od dostawcy wody mineralnej do dostawcy toi toi, ale wtedy festiwal był znacznie mniejszy. Teraz mam człowieka od gastronomii, hoteli, transportu wewnętrznego i cateringu. Logistyką i produkcją zajmuje się moja żona z dwoma asystentkami, promocją i PR-em wyspecjalizowane firmy. Praca została podzielona.

A jak uznaliśmy, że czas porzucić robienie wystaw sztuki współczesnej i murali na OFF-ie, pomyślałem, że skoro nie mam czasu ani energii na stworzenie klubokawiarni z książkami na stałe, co zawsze mi się podobało, zrobię ją sobie na trzy dni w roku. Inspiracją były też opowieści mojej żony z czasów, kiedy brała udział w spotkaniach literackich organizowanych przez nasze znajome w Seattle. Stąd się wziął pomysł.

Nie chciałem jednak, by moje gusta ją zdominowały, więc zaprosiłem do jej poprowadzenia Wojtka Kuczoka. Kiedyś wstrząsnęła mną jego książka *Widmokrąg*, długo o niej nie mogłem zapomnieć. Wojtek przyjął zaproszenie, po trzech latach zastąpił go Krzysiek Varga. Jeden i drugi świetnie sobie radzili. A od dziesiątej edycji kawiarnię poprowadziły Narodowe Centrum Kultury i Instytut Książki.

* * *

Żyć inaczej znaczy często trudniej. Więc nie warto się męczyć, jeśli nie ma w tym czegoś fascynującego. Wchodzę w różne rzeczy nie po to, żeby imponować alternatywą, tylko dlatego, że tam bywają sprawy, ludzie, zjawiska, które są dla mnie albo inspirujące, albo przyjemne, albo ciekawe. Jakoś tak się składa, że moje wybory są inne od powszechnych, choć dla mnie to nie jest żaden powód do dumy, to moja naturalna życiowa ścieżka. Nie lubię też chodzenia na skróty: wolę popracować dłużej niż wypuścić coś, z czego nie jestem do końca zadowolony.

Że trudniej? No to trudno.

14. DZIADKOWA HUŚTAWKA

Jak mogę występować w programie, który mnie tak drażni, że nie mogę go oglądać?

Po co ci są pieniądze?

Po co mi są pieniądze?

Tak się zdziwiłeś, jakbym cię zapytała o coś wstydliwego.

To nic wstydliwego, ale o co ci chodzi?

Charles Bukowski powiedział, że pieniądze to magia – można je wymieniać na różne rzeczy. A czym są dla ciebie?

Pieniądze są mi potrzebne do życia. Dają poczucie bezpieczeństwa. Zawsze oszczędzałem, choć bez przesady. Po prostu wyznaczałem sobie granice: gdy dostawałem kasę, a w przypadku muzyka dochody bywają bardzo nieregularne, pozwalałem sobie wydawać ją do określonego poziomu. Ale tak, żeby mieć co odłożyć na w miarę spokojną przyszłość.

Aczkolwiek ostatnio łapię się na tym, że taki fakt nie powoduje, że czuję się pewny przyszłości swojej i swojej rodziny.

Tak jak praca, którą robisz, może się w każdej chwili wypieprzyć, tak oszczędności, które udało ci się uzbierać, mogą w każdej chwili zniknąć.

Czułeś się w dzieciństwie biedny?

Nie. Miałem kolegów znacznie biedniejszych ode mnie, których rodzice nie pracowali albo chlali. Albo było ich pełno w domu.

U mnie wszyscy mieli pracę albo emeryturę, byłem jedynakiem. Mieszkaliśmy na trzydziestu czterech metrach, nie mieliśmy samochodu, ale większość moich kolegów była w takiej sytuacji.

Babcia bardzo dbała, żeby mi niczego nie brakowało. Kanapki, bułki, pączki, kołoczyki... To był chyba jej sposób na okazywanie mi miłości, pakowała tego we mnie mnóstwo. Efekt był taki, że gdy szedłem do podstawówki, byłem grubasem i do dziś się odchudzam.

Dbał też o nas wujek Paulek, ten z Niemiec. Czasami przysyłał nam puszki z mielonki, niemieckie parówki, słodycze. Ale nie myśl, że zajadaliśmy się tymi dobrami nieustannie. Czasami coś przyszło. Czasem ktoś coś przywiózł. Pamiętam, jak przyjechał syn wujka Paulka i ciotki Berty, który urodził się już w Niemczech. Miał na imię Teo. To był stan wojenny. Na Bytomskiej, przy torach tramwajowych, stało srebrne porsche – jak je zobaczyłem, to nogi mi zesztywniały. A to kuzyn przywiózł nam karton jedzenia. Gdy odjechał tym srebrnym porsche, otworzyłem lodówkę. Było tam z pięćdziesiąt takich samych puszek z mięsem. Jedliśmy je później non stop. Wtedy mnie to cieszyło, teraz śmieszy. Myślę, że gdybym komuś przywiózł paczkę, tobym ją urozmaicił. Dodałbym jakąś czekoladę, owoce, soki...

Ale byli oczywiście bogatsi ode mnie. Choćby chłopak, którego ojciec miał kantor, albo drugi, którego rodzice prowadzili sklep z rzeczami z Niemiec: mandarynkami, donaldami, czekoladą, no i syn jakiegoś sekretarza partii.

I córka złotnika. Ci ludzie byli inni, przy nich czułem się trochę jak z innej kasty. Ale to były rzadkie wyjątki.

Miałem też bardzo ubogich kumpli. Jeden, dobry pływak, był z rodziny, w której było siedmioro dzieci. Jeden brat pił, drugi niedorozwinięty, wychowywała ich sama matka, bo ojciec umarł.

Lubiłem takich kumpli. Z jednej strony takie kontakty uczą pokory, z drugiej była w nich niewystudiowana naturalność. Szczere chuligaństwo, zupełnie inne niż teraz, bo wynikające z sytuacji, w jakiej się znaleźli, ze środowiska. Oni nie zostali bandziorami, bo im się nudziło. Oni naprawdę walczyli o przetrwanie. Zbierali węgiel na hałdach, kradli z wagonów, zbierali złom – bo musieli.

Część z nich nigdy się nie wyrwała z tej biedy, wielu już nie żyje, zachlali się albo zaćpali. Ale wielu wyrosło na porządnych ludzi i prowadzi normalne życie.

Co zrobiłeś dla pieniędzy, parafrazując piosenkę *Mamona* Grzegorza Ciechowskiego ze słowami „Ta piosenka jest pisana dla pieniędzy”? Masz w dorobku piosenki, które powstały wyłącznie dla pieniędzy?

To moja praca. Tak zarabiam na życie. Ale nie napisałbym czegoś, pod czym bym nie mógł z czystym sumieniem się podpisać i do czego nie byłbym przekonany. Zdarzyło się kilka razy, że robiłem kawałki na zamówienie prywatnych firm. Kilka lat temu dostałem zamówienie napisania piosenki, która byłaby hymnem

Idei Ekstraklasy – Idea była wtedy sponsorem polskiej ligi. Poza perspektywą zarobienia pieniędzy nęcący wydał mi się pomysł kojarzący muzykę z piłką. Tak robiło choćby The Wedding Present czy Mogwai. Poczułem, że to dla mnie inspirujący temat. I wymyśliłem piosenkę *Prosta rzecz*, którą zaśpiewaliśmy z Kasią Nosowską oraz Grabażem i która się spodobała ludziom. Przez długi czas towarzyszyła relacjom z meczów polskiej ekstraklasy.

Rozumiesz takich ludzi jak pisarz Szczepan Twardoch, który został ambasadorem Mercedesa, czyli po prostu wystąpił w reklamie tej marki?
Zaintrygował mnie. Ciekawe, jakie ma obowiązki wobec Mercedesa.

Musi jeździć tym obciachowym drobnomieszczańskim samochodem.
Dla jednych jest obciachowy, dla drugich – nie. Ja nie poczułem, że Twardoch przekroczył jakieś granice. Nie bardzo rozumiem, o co chodzi ludziom, którzy go krytykują.

Że pisarzowi, który zgodnie z polską tradycją powinien być autorytetem, nie wypada robić takich rzeczy.
A niby czemu pisarz ma być autorytetem? A w ogóle co mnie obchodzi, jakim Twardoch jeździ samochodem, niech sobie jeździ, jakim chce, jak chce się nim chwalić,

niech się chwali. Co, będziemy teraz rozliczać ludzi z samochodów? Naprawdę myślisz, że ja, czytając książki Twardocha, będę je interpretował przez samochód, którym jeździ?

Ty nie. Ale sporo osób – tak. I będą rozczarowane.

Twardoch trafił w bardzo czuły punkt. Wielu ludzi w Polsce nie pozwala sobie na różne rzeczy, żeby nie wzbudzić zazdrości. Słyszałem, że szef pewnej świetnie prosperującej agencji reklamowej nie jeździ do klienta swoim nowym lamborghini, bo się boi, że klient pomyśli: o, ma kasę, chce mnie skroić. Tak samo znany muzyk nie przyjedzie na koncert wypasioną furą, żeby jego koledzy muzycy, którym nie wiedzie się tak, jak by chcieli, mu nie zazdrościli.

Podejrzewam, że tego mercedesa zazdroszczą Twardochowi jego koledzy pisarze, którym nie złożono takiej propozycji. W Polsce jest taki klimat, że jeśli masz kasę i jeździsz dobrym samochodem, to prawdopodobnie ją ukradłeś. No bo skąd taka kasa?

Ostatnio byłem świadkiem rozmowy, która mnie strasznie zirytowała: muzycy obgadywali swojego kolegę, który nagrywa płyty z pieniędzy budżetowych, wygrywając różne projekty. Facet jest strasznie zdolny, angażuje się w różne misyjne rzeczy, dlaczego ma nie korzystać z tych dotacji? Zarzucanie mu, że żeruje na państwie, wynika wyłącznie z zawiści.

Sam z taką zawiścią się spotykam przy OFF Festivalu – wiele razy słyszałem, że skoro mam sponsorów, to po co mi pieniądze od samorządu. Mówią to ludzie, którzy nie rozumieją, z jaką odpowiedzialnością wiąże się organizowanie takiej imprezy. Nasz rynek jest wciąż w fazie rozwoju, nerwowy i nieprzewidywalny, bez tradycji i lojalności wobec tego typu imprez kulturalnych. Dziś jesteś, jutro cię nie ma. Bez samorządowych dotacji takie imprezy jak OFF Festival nie mogłyby powstać.

Gdybyś dostał taką propozycję jak Twardoch, przyjąłbyś?

Jeżeli czyta to jakiś szef PR-u firmy samochodowej, to: do mojego domu prowadzi szutrowa droga, co szczególnie kłopotliwe jest zimą, no i mam dzieci. Więc potrzebuję terenowego samochodu wygodnego dla dzieci.

Nie żartuj sobie.

No, mówię poważnie.

Często odmawiasz występu w jakichś programach, bo są obciachowe?

Tak. Przynajmniej raz do roku dzwonią do mnie z pewnego programu, który rzekomo polega na łowieniu talentów.

Dlaczego?

To nie mój świat.

W jakim sensie?
Irytują mnie te programy. Nie czułbym się w nich dobrze.

A gdyby płacili ci duże pieniądze?
Jak mogę występować w programie, który tak mnie drażni, że nie mogę go oglądać?

Jesteś minimalistą?
Dążę do oczyszczania terenu wokół siebie, ale miewam bałagan. Ukryty. Wystarczy otworzyć moje szuflady.

W jakim kraju mógłbyś żyć, gdybyś brał pod uwagę architekturę?
Zdecydowanie w Skandynawii.

Dlaczego?
Tam nam się lepiej oddycha. No i długi czas dlatego, że jej przestrzeń jest zaprzeczeniem architektury, z której się z żoną wyrwaliśmy: z ciasnej śląskiej zabudowy.

Z familoków?
Nie mieszkaliśmy w familokach, ale wychowaliśmy się wśród nich. Dlatego podobały nam się nowoczesne domy, podłogi epoksydowe, beton, płaskie dachy, przestrzeń. Dziś podobają mi się nadal, szczególnie w wersji Roberta Koniecznego czy chłopaków z Medusy, ale

nie wykluczam innych, bardziej tradycyjnych rozwiązań. Wszystko zależy od energii, jaką wprowadzi się do domu.

Najbardziej podobają mi się dziś projekty, które łączą przeszłość z przyszłością.

Przychodzi ci do głowy jakiś przykład?
Byłem w Nowym Jorku w hotelu, który urządzono w byłej rzeźni.

Brr...
Ale on świetnie łączy różne elementy: współczesne meble z modelami na przykład z lat pięćdziesiątych. Stare drzwi, kafle, lampy i nowoczesne materiały, jak korten, szkło i beton. To robi duże wrażenie.

Gdy budowałeś swój dom, kierowałeś się swoim gustem?
Próbowałem. Ja, chłopak z małych mieszkań, zawsze marzyłem o przestrzeni, najlepiej blisko lasu. Ale budowaliśmy dom pięć lat, z pomocą różnych ekip. Jedne coś umiały, drugie niewiele albo nic.

Nie mieliście projektanta?
Dopiero gdy wszystko skończyliśmy, poznaliśmy chłopaków z Medusy. Ale już nie było co ratować w domu, więc zaprojektowali nam taras i budę dla psa.

Jak ci się podoba sposób, w jaki zmienia się Śląsk?

Jeśli za zmianami stoi Przemo Łukasik z Łukaszem Zagałą, Robert Konieczny z KWK Promes, który zdobył sławę projektami domów jednorodzinnych, czy Tomasz Konior, projektant budynku NOSPR, czyli Narodowej Orkiestry Symfonicznej Polskiego Radia w Katowicach – bardzo mi się podoba. Oni rozumieją, że nie da się zburzyć wszystkiego i wybudować na nowo. Że architektura musi być dla ludzi, że to ludzie muszą się w niej dobrze czuć. Mają szacunek do tego, co było.

Familoki można remodelingować, ale nie wolno ich niszczyć. To część tradycji. Trzeba je unowocześniać, dbać o przestrzeń wokół nich, aktywizować mieszkańców, ale nie zaburzając charakterystycznej formy, która jest ich największą siłą.

Dzieje się tak w Nikiszowcu, do którego uwielbiam przywozić ludzi, którzy nigdy nie byli na Śląsku.

Coraz częściej słychać, że Warszawa, Kraków czy Wrocław z podziwem patrzą na nową architekturę, prężne środowisko naukowe, nową kulturę, w tym festiwale muzyczne, takie jak OFF. A co widać z twojej perspektywy?

Program miasta ogrodów przygotowywany przez Marka Zielińskiego, gdy Katowice kandydowały do tytułu Europejskiej Stolicy Kultury, zdumiewał, wielu wydawał się abstrakcyjny, kompletnie oderwany od Śląska ciągle stereotypowo postrzeganego jako czarny. Ludzie więc pukali się w głowę i pytali, o co w tym chodzi. Tymczasem to było tak jak z rzeczami, które robiliśmy w ramach OFF Festivalu: zaskakiwało, intrygowało, odrywało od schematycznego myślenia. Po prostu mieszało ludziom w głowach.

Nagle poczuliśmy, że kultura buzuje. Może naprawdę buzowała, a może nam wszystkim się tak wydawało, bo przez wiele lat nic się nie działo? Pamiętam, jak opowiadałem ministrowi kultury Bogdanowi Zdrojewskiemu, że robię festiwal na Śląsku, to usłyszałem, że się cieszy, bo to taka biała plama na mapie kulturalnej Polski. I to mówił minister kultury!

Moim zdaniem Katowice właściwie zaczęły się zmieniać od tego wniosku o tytuł Europejskiej Stolicy Kultury. A finał, który właściwie przegraliśmy tylko z Wrocławiem, był pół roku wcześniej absolutnie nie do pomyślenia. Przecież wielu ludziom w Polsce, ale nawet w Katowicach, sam pomysł, żeby stolica przemysłowego Śląska ubiegała się o tytuł stolicy kultury, wydawał się absurdalny. A co dopiero walka o finał!

To była ogromna siła pomysłu i solidnego wsparcia działań przez Piotra Uszoka, dziś już byłego prezydenta Katowic.

Jakie są dziś w Katowicach najbardziej magiczne miejsca?

Absolutnym miejscem jest budynek NOSPR – takiego perfekcyjnego zespolenia wizji architektonicznej z miłością do muzyki nigdzie nie widziałem. Tam każdy detal jest dopracowany do ostatniego szczegółu. Widać, że architekt, który kocha muzykę, miał niezwykłą wizję, którą potrafił urzeczywistnić. Przylegające do niego nowoczesne Międzynarodowe Centrum Kongresowe czy budynki Muzeum Śląskiego to wybitna architektura. W miejscu dawnej siedziby kolei, przy Spodku, Medusa zaprojektowała dwa wieżowce. Myślę, że będą doskonałym dopełnieniem całości.

Kultura może zmieniać miasta?

Jestem jednym z takich żywych dowodów, że zmienia. Ludzie mówią mi, że są dumni, że mieszkają w mieście, w którym jest NOSPR, piękne Muzeum Śląskie i OFF Festival.

Takie wydarzenia zmieniają nastawienie mieszkańców do miejsca, w którym żyją. Ludzie zaczynają wychodzić w weekendy z domu, bo mają gdzie – na imprezę, do knajpy, zaczynają się spotykać. Jesteśmy coraz bardziej zadowoleni z życia, chętniej angażujemy się w różne inicjatywy, tworzy się autentyczna wspólnota.

Oczywiście, to nie może być jedna impreza w roku. Żeby kultura zmieniała świat, musi być jak ogień – ciągle trzeba do niego coś dorzucać, żeby się paliło. Nie może być tak, że robimy dużo i szybko, a potem wszyscy opadają z sił. To proces, który musi trwać, koło, które trzeba pchać, żeby się toczyło. Trzeba działać zgodnie z planem i konsekwentnie. Dlatego nie wystarczy jeden OFF. Potrzeba wielu, ciągle modyfikowanych i rozwijanych przedsięwzięć. Ja sam po latach organizowania festiwalu myślę, że trzeba go zmieniać, żeby zachował świeżość i atrakcyjność dla ludzi.

Tak też powinno się dziać w całym kraju.

Pogodziłeś się z familokami, laubami, hałdami... Próba zerwania z przeszłością, jaką nam zafundował PRL, wyprowadzając ludzi z domków w Giszowcu do bloków, zniszczyła tkankę społeczną. Takich rzeczy nie wolno ludziom robić.

Mówię to ja, chłopak, który wychował się wśród familoków i laub, który próbował od nich uciec. To nasz znak rozpoznawczy, dziedzictwo – jedyne, jakie mamy. Nie wolno tego zniszczyć.

Gdy byłem dzieckiem, dziadek zrobił mi w ogródku huśtawkę. Z różnych materiałów: drewno było z podkładów kolejowych, do tego krzesełko z deski owiniętej grubą gumą zawieszone na łańcuchach.

Jakiś czas temu kurator wystawy miejskiej we Wrocławiu poprosił mnie o jakąś ważną dla mnie rzecz. Zaproponowałem tę huśtawkę. Odtworzyła ją Medusa. I stała sobie dziadkowa huśtawka na ulicy we Wrocławiu, i każdy, kto na niej siadał, dostawał do ręki iPod i mógł posłuchać *Lata '76*.

To symbol tego, jak traktuję przyszłość.

Fajnie, że młodzi ludzie ze Śląska są dumni, że pochodzą stąd. Tym bardziej że Katowice mają markę *cool* miasta – na razie w undergroundzie, ale może niedługo i w mainstreamie. Będzie tętnić kultura.

15. TO NIE JEST FILM

Muzyka ma moc, działa
na wyobraźnię, ludzie się
nią przejmują. Napięcie
między świadomością,
że mogę wpływać na
ludzi oraz na ich decyzje
życiowe, i wolnością
twórczą było
dla mnie przez jakiś czas
nie do zniesienia.

„Kraków jeszcze nigdy tak jak dziś / nie miał w sobie takiej siły". Lubisz to miasto?

To nie jest mój tekst. Lubię Kraków, ale bez przesady. Jest jakiś ciasny.

A Grechutę?

Bardzo. Aura jego piosenek jest niesamowita. Do dziś pamiętam jego złote przeboje na kasecie z okładką ozdobioną sercem, których słuchałem, gdy miałem dwadzieścia lat. Odpowiadała mi intymność tych piosenek, ich niezwykła melodyjność, poetycka aranżacja, instrumenty. Po prostu ich poruszające piękno. I wrażliwość Grechuty.

Słuchałem tej kasety do upadłego. I nawet gdy nastała era analogów i pozbywałem się kaset, to tę jego, z sercem, sobie zostawiłem.

Byłem też na koncercie Grechuty w miejskim centrum kultury w Mysłowicach. Ale mnie rozczarował: stał sam na scenie i śpiewał chyba z półplaybacku. W ogóle mnie nie ruszyło.

I gdy kończył nam się kontrakt z Sony, ale byliśmy zobowiązani wydać jeszcze jedną płytę *The Best of* z dwoma premierowymi piosenkami, rzuciłem pomysł, żeby nagrać *Kraków* w duecie z Grechutą.

Łatwo się zgodził?

Zgodziła się jego żona, to ona ogarniała mu świat. Grechuta był już wtedy bardzo schorowany, mało kontaktowy. Myślę, że ani on, ani pani Danuta nie wiedzieli, co to Myslovitz. Po prostu ujęło ich, że jesteśmy tak zakręconymi fanami jego muzyki.

Nikt się nie spodziewał, że piosenka tak się spodoba ludziom, że podbije listy przebojów i będzie wokół niej takie halo. Już po śmierci Grechuty pani Danuta zaprosiła nas na festiwal poświęcony pamięci męża do Krakowa, chyba nas polubiła.

Jak wyglądała wasza wspólna praca?

On wymyślił, że połowę tej piosenki sam zaaranżuje, nam się to wydawało ryzykowne: jak to piosenka pęknięta na pół? Ale Tomek Bonarowski, który produkował *Miłość w czasach popkultury* i *Korova Milky Bar* wpadł na pomysł, jak te dwa aranże, jego i nasz, połączyć. I dzięki niemu jest w tej piosence i nowoczesny rockowy klimat Myslovitz, i stary grechutowski.

Grechuta był skoncentrowany na pracy. Właściwie nie mieliśmy z nim bezpośredniego kontaktu, nie było dużych szans, żeby z nim pogadać, co chwila, metaforycznie mówiąc, znikał, zapadał się w siebie.

Ale był też dobrze zorganizowany. Gdy muzycy Anawy wchodzili do studia po kolei nagrywać swoje partie instrumentów, każdemu wręczał przygotowane przez siebie wcześniej partie. Oni wchodzili, robili jedno perfekcyjne podejście i wychodzili.

Profesjonaliści. Nie potrzebowali żadnej burzy mózgów, twórczej atmosfery.

Niedługo po tym nagraniu Grechuta umarł. Jerzy Stuhr powiedział, że podbiliście jego serce tym, że zjawiliście się w odpowiednim momencie życia Grechuty i właściwie mu to życie przedłużyliście. Dzięki wam przeżył piękne, ważne dla niego chwile.

Nie wiedziałem, że tak powiedział. Wielu krakusów nas wtedy dostrzegło, na przykład Zbyszek Preisner, też wielki fan Grechuty. Dla Stuhra napisaliśmy piosenkę *Polowanie na wielbłąda* do filmu *Duże zwierzę*, a potem wystąpiliśmy jako zespół franciszkański w *Pogodzie na jutro*.

Dziwne przeżycie, bo śpiewaliśmy piosenkę nie swoją, ale Abla Korzeniowskiego, co nie bardzo przypadło mi do gustu – kto lubi śpiewać obce kawałki – ale film mi się bardzo podobał. Scena z nami była zabawna, ale ja najbardziej przeżyłem, gdy na żywo zobaczyłem, jak Małgorzata Zajączkowska, która gra żonę głównego bohatera, czyli Stuhra, rozpoznaje swojego męża jako mnicha na festiwalu sacrosong.

To było mistrzostwo, w życiu czegoś takiego nie widziałem – w Zajączkowskiej był taki prawdziwy żal, na pograniczu powagi i komizmu, że odebrało mi głos. Ona naprawdę była spanikowana i zdruzgotana.

Co cię zbliżyło ze Zbigniewem Preisnerem?

Często ma poglądy kompletnie odmienne od moich, a bywa, że to mnie inspiruje. Niezwykle inteligentny, wrażliwy i błyskotliwy człowiek. Góral. Bardzo szczery.

Ma ogromne doświadczenie i wiedzę o pracy w biznesie muzycznym, którą zdobył jako uznany na świecie kompozytor filmowy. Ma swoje zdanie na wiele tematów, czasem surowe, każdemu w twarz wygarnie, co myśli, bardzo wymagający zarówno wobec innych, jak i siebie.

Mówił ci rzeczy, które bolały?
Wiele razy.

Na przykład?
Lubi to, co robiłem kiedyś, i to, co robię teraz. Ale kiedy nagraliśmy w jego studiu płytę *Happines Is Easy*, poprosił, żebym mu ją wysłał, to powie, co o niej myśli. I powiedział: „Co ty, kurwa, zrobiłeś, te teksty są chujowe, muzyka nie brzmi, nic nie brzmi. To jest straszne".

Krytykował też moją decyzję o odejściu z Myslovitz, uważał, że to zły pomysł.

Wiele razy próbowaliśmy zrobić coś razem, nagraliśmy razem kilka demówek. Jedna nawet jest fajna. Może wydam ją kiedyś.

Bardzo uparty.

A ty nie?
No tak. No i trudno go do czegoś przekonać, jeśli sam jest przekonany do czegoś zupełnie innego.

Cały ty. Dwóch takich samych upartych, apodyktycznych i przywiązanych do własnych

opinii facetów nie da rady ze sobą współpracować.

Koleguję się z nim nie dlatego, że chcę z nim współpracować, ale dlatego, że go lubię jako człowieka i podziwiam jako artystę. Cenię, że ma własne zdanie, idzie swoją drogą, nie boi się iść pod prąd, jest niezależny i czujny. I że chociaż ma sześć dych na karku, zachowuje życiową werwę.

Byłeś kiedyś w sytuacji, gdy poczułeś, że twoja muzyka to nie tylko niewinne śpiewanie?

Chodzi ci o awanturę wokół piosenki *To nie był film*?

Tak, śpiewałeś tekst: „Pamiętam, mówił ach, chciałbym sobie postrzelać. / Wiesz, do dziewczyn na ulicy, w biały dzień, teraz. / Nie do zwykłych dziewczyn, ale do tych najpiękniejszych. / Chciałbym patrzeć im w oczy, jak marnieją i więdną". I refren: „Ale to nie był film. / To nie był film". Tak – podobno – śpiewając o zbrodniach, promowaliście je.

Piosenka miała klimat spowiedzi, relacji mordercy. Skomponowałem ją pod wpływem zespołu Tindersticks. Liroy w tamtym czasie śpiewał o wiele gorsze rzeczy i nikt go z tego powodu nie stawiał pod pręgierzem, nie bojkotował ani nie ciągał do *Kropki nad i* Moniki Olejnik. A nas ciągano, musieliśmy dyskutować z jakimś kolesiem, który był odpowiedzialny za to, o czym powinniśmy śpiewać, a o czym nie. Jakaś Krajowa Rada Radiofonii i Telewizji wydała zakaz odtwarzania tej piosenki.

A Myszor, pisząc ten tekst, inspirował się wywiadem z Jonathanem Carrollem, który przyznał, że niewiele brakowało, by przeszedł na złą stronę mocy. Miał przyjaciela szaleńca. Tekstowo jest to spojrzenie na zbrodnię oczami zbrodniarza, co w tym złego? Czy śpiewanie musi zawsze być błahe? Czy jeśli opowiadamy o ważnych sprawach – wtedy cała Polska żyła sprawą zamordowania przez dresiarzy warszawskiego maturzysty Tomka Jaworskiego – to musi być zaraz epatowanie przemocą?

Jak się słyszy, że się nakłania do przemocy, to nie jest najfajniej.

Nie. Ale prawdziwe obciążenie miałem, gdy napisaliśmy z Wojtkiem Powagą piosenkę *Amfetaminowa siostra*. Ja dałem jej taki tytuł – jak zwykle w moim przypadku nie miał zbyt wiele wspólnego z treścią piosenki.

A wtedy miałem praktyki nauczycielskie w szkole samochodowej. Prowadziłem tam lekcje wuefu. I przyszedł do mnie do domu mój uczeń i zapytał, czy mogę mu trochę tej amfy sprzedać. Wtedy poczułem dreszcz i pierwszy raz pomyślałem że to, co piszę i śpiewam, ma znaczenie dla ludzi.

Muzyka ma moc, działa na wyobraźnię, ludzie się nią przejmują.

I to napięcie między świadomością, że mogę wpływać na ludzi oraz na ich decyzje życiowe, i wolnością twórczą było dla mnie przez jakiś czas nie do zniesienia.

Ograniczałeś się?

Nie.

Nigdy?

To brzmi jak idiotyzm, ale zastanawiałem się nad użyciem słowa kurwa – żeby ktoś nie pomyślał, że namawiam do przeklinania.

„Już, już, już, / nie wytrzymuję tempa, / wszystko, kurwa, skręca". O to ci chodzi?

Tak. Ale w końcu uznałem, że skoro mam szczerze opowiadać o emocjach, to użyję tej kurwy.

16. THANK YOU POLAND AND GOOD LUCK

Ojczyzna jest dla mnie tam,
gdzie jest moja rodzina.

Boisz się, że wybuchnie wojna?

Tak.

Że będziesz musiał wziąć broń i iść na front?

Mam nadzieję, że to się nie zdarzy. Nie chcę oddawać życia na wojnie.

A jakby chodziło o życie twoich dzieci i żony?

Wtedy – tak.

Spakujesz rodzinę i ewakuujecie się jak w sierpniu 1939 roku Witold Gombrowicz „Chrobrym" do Argentyny?

Jeżeli będzie taka potrzeba.

Nie czujesz się patriotą?

Jestem wdzięczny Polsce za wiele, ale moja ojczyzna jest tam, gdzie są moi bliscy.

Egoistyczne.

Globalne myślenie, odpowiedzialność za świat – to dla mnie zbyt dalekie, ja tego nie ogarniam.

Muszę włożyć tyle wysiłku i czasu, by uporządkować świat wokół mnie, że nie mam już ani siły, ani ochoty zbawiać całej ludzkości. Wolę zająć się porządnie swoim małym kawałkiem przestrzeni i bliskimi mi ludźmi niż rozmieniać się na drobne.

Nie wzbudzają mojego podziwu ludzie, którzy głoszą idee, robią rewolucje, a sami mają nieuporządkowane życie. Imponują mi bohaterowie codzienności, którzy od rana do wieczora starają się ogarniać swój mały świat i stają na głowie, żeby wychodziło to jak najlepiej. Nie odpuszczają sobie. Zawsze, gdy spotykam takich ludzi, robią na mnie wielkie wrażenie. Uporem, konsekwencją, determinacją.

Albo gdy widzę rodzinę, która ze sobą rozmawia, dzieci są zadowolone i szczęśliwe, pełne dobrej energii, mają plany, mówią o marzeniach, opiekują się sobą. Wtedy myślę, że ktoś ciężko się napracował, żeby stworzyć ten mały, harmonijny świat. I to mi imponuje. Podziwiam takich ludzi.

Tak właśnie chcę uporządkować własną przestrzeń.

I kiedy myślę o ojczyźnie, to właśnie w takim kontekście: prywatnym, nie globalnym. Takie małe wspólnoty, których członkowie ciągle się starają, żeby wszyscy w nich byli szczęśliwi, to moja ojczyzna.

Spotykasz ludzi, którzy przygotowują się do wojny?

Tak, znam takich, którzy budują ziemianki i gromadzą wodę w piwnicy. Nie wiem, ile w tym jest strachu, który ma realne podstawy, a ile paranoi wywołanej przez codzienne bombardowanie nas informacjami.

Pomyśl tylko, o ile codzienność ostatnich, powiedzmy, dziesięciu lat byłaby spokojniejsza, gdybyśmy żyli bez telewizji, radia, portali, gazet? Gdybym mieszkał na wsi, doglądając marchewek i gruszek, nie analizowałbym polityki międzynarodowej, nie żyłbym w strachu, nie gadałbym o strachu i nie przekazywałbym tego strachu dalej.

Ale wojna, gdyby wybuchła, i tak by cię w końcu dopadła.

Wiele lat temu zaplanowaliśmy z żoną wycieczkę do Paryża. Dwa dni przed wylotem na jego przedmieściach imigranci wzniecili zamieszki. Spalone autobusy, poprzewracane przystanki, wyrwane ławki. Patrzyliśmy w telewizor przerażeni i niepewni: lecieć czy nie lecieć?

W końcu zdecydowaliśmy: lot wykupiony, hotel zarezerwowany, zaryzykujemy. Przez cztery dni żyliśmy w zwykłym, absolutnie bezpiecznym, normalnie funkcjonującym mieście. Nic się nie działo.

Kiedy pakowaliśmy walizki na samolot powrotny, włączyliśmy telewizor, a w nim znowu tylko płonący Paryż.

Media potrafią mnie wkurzyć: tytułami, wyolbrzymianiem, paranoją. Żeby przyciągnąć do siebie, trzeba denerwować, prowokować, skłócać, spowodować, że czytelnikowi, internaucie, telewidzowi szybciej zabije serce. O tym, że komuś w takiej atmosferze mogą puścić nerwy, nikt nie myśli. Ludzie żyją w takim stresie i pośpiechu, do tego naładowani negatywnymi emocjami, że łatwo sobie wyobrazić, jak ktoś pęka, oblepia się bombami albo strzela do niewinnych ludzi.

Znasz bliżej Kukiza?

Nie znam. Słyszałem kilka piosenek. Czasem się mijaliśmy na jakichś juwenaliowych koncertach. Natomiast wystąpiłem... w jego spocie. Jakiś jego fan go zrobił, montując kilka obrazków różnych polskich wykonawców pod hasłem „Paweł Kukiz, nasz wielki bohater, a wy, zdrajcy, zdradziliście swoje ideały i taplacie się w błocie". Wśród zdrajców był Muniek Staszczyk, który przyjmował nagrody i robił sobie zdjęcia na ściance MTV, Kazik z mieszkaniem na Teneryfie, ja odbierający Krzyż Zasługi od prezydenta Komorowskiego.

Muniek i Kazik w wyborach prezydenckich poparli Kukiza.

Co nie świadczy dobrze o twórcy filmu. Nawet nie wiedział, kto popiera jego idola.

Czym twoim zdaniem Kukiz uwiódł ludzi?

Wydaje mi się, że nie programem.

A jednak zagłosowało na niego dwadzieścia procent wyborców.

Bo on jest na swój sposób prawdziwy. Pokazał złość i pogroził pięścią, że wszystko zniszczy i zbuduje od nowa. Ludzie uwierzyli, że może być przywódcą. To pokazuje, że wielu Polaków jest sfrustrowanych i niezadowolonych.

Inna sprawa, że –moim zdaniem, choć mogę się mylić – Kukiz z duszą artysty może być zbyt mało przebiegły jak na polityka.

Jak już wjedzie do tego świata, megacwani koledzy, którzy tam siedzą od lat, zrobią wszystko, żeby rozmontować go na części.

Nie poważasz polityki?

Nie mam wystarczającej wiedzy, żeby odpowiedzieć na to pytanie. Są ludzie, którym wierzę, jednak większość mnie nie przekonuje. To bardzo subiektywna opinia.

Politycy mają też programy. Kiedy udaje im się dojść do władzy, to nawet czasem je realizują. I bywa, że organizują nam świat nie tak, jak byśmy chcieli.

Ciągle wszystko się zmienia. Robię swoje.

A jeśli powstaje przepis, który blokuje ci jakąś drogę, zarządzenie, które utrudnia ci życie?

Jeżeli jest możliwość, to wybieram inną drogę, zmieniam pomysł. Polityka to dla mnie niepewny grunt.

Kilka lat temu w przykry sposób się o nią otarłem, gdy w Mysłowicach wszedłem wbrew swojej woli w sam środek konfliktu radnych, którzy chcieli mnie i OFF Festival wykorzystać w walkach politycznych. Ówczesny prezydent cierpiał na taką przypadłość, że wszystko musiał promować swoim nazwiskiem i twarzą. Zapraszał więc całym swoim prezydenckim majestatem na otwarcie hali sportowej czy wyremontowanego odcinka dróg. I na OFF Festival.

Wkurzało cię to?

Wkurzało, ale traktowałem trochę jak zło konieczne. W innych miastach wyglądało to podobnie.

Tyle że prezydent był skonfliktowany z częścią radnych i przyszedł moment, że ci ostatni blokowali wszystko, za czym stał. Ofiarą tych gier padł też festiwal. Staliśmy się ulubionym tematem awantur na sesjach rady miasta i w mediach.

Frakcja antyprezydencka w radzie używała nas w sposób perfidny. Nie wystarczyło apelować, żeby dać pieniądze na łatanie dziur w drogach, trzeba było podkreślać, że należy zabrać kasę festiwalowi.

Chodziłem na radę miasta, apelowałem, żeby wznieśli się ponad te lokalne awantury, bo ucierpi na tym impreza, gadałem, że przecież OFF nie ma nic wspólnego z polityką, bo dotyczy społeczeństwa, ludzi – tutaj, w Mysłowicach. Nic to nie dawało. Byłem nawet z tym u wojewody. Na próżno.

OFF był już wtedy bardzo znanym festiwalem, przyjeżdżało na niego tysiące ludzi z całej Polski. To nie miało znaczenia dla tych z samorządu?

Wydaje mi się, że walka o władzę przesłoniła im inne cele. Żeby wygrać, byli gotowi poświęcić festiwal. Kosztowało nas to masę stresu. Zawsze bardzo pilnowaliśmy porządku z pieniędzmi, żeby rozliczać się co do grosza i nikt nie miał pretensji. Żeby było absolutnie przejrzyście, powołaliśmy w 2008 roku fundację. I właśnie wtedy jeden z radnych Dariusz Wójtowicz powiedział w wywiadzie, że domaga się zablokowania dotacji dla OFF Festivalu, bo nie rozliczyliśmy się z poprzedniej edycji.

To było kłamstwo – rozliczenie leżało w urzędzie miasta od kilku miesięcy oficjalnie przyjęte i zatwierdzone, ale on albo tego nie sprawdził, albo chciał celowo namieszać. Wszystkie media puściły artykuły pod tytułem „Dariusz Wójtowicz oskarża Artura Rojka".

Jak się czułeś?

Strasznie.

Podałem człowieka do sądu. Dopiero wtedy napisał do mnie esemesa, że chciałby się spotkać i porozmawiać jak mężczyzna z mężczyzną.

Spotkałeś się z nim?

Oczywiście, że nie. Człowiek, który ma czelność kogoś obrzucić błotem, publicznie oskarżyć, skłamać i kajać się dopiero, kiedy ma do zapłacenia rachunek za to, co zrobił, nie może być partnerem do rozmów.

Oczywiście proces przegrał. Musiał wykupić przeprosiny dla mnie i fundacji w czterech tytułach gazet, kosztowało go to blisko trzydzieści tysięcy złotych. Ale tak jak wszyscy pisali o jego oskarżeniach wobec nas, to już mało kto o tym, że musiał je odszczekać.

Bo media podchwytują to, co wydaje się im najbardziej interesujące dla czytelnika: jak ktoś kogoś oskarża. Więc jak mnie oskarżano, to byłem na czołówkach gazet, jak przepraszano, to drobnym drukiem, na ostatnich stronach.

W końcu przeniosłem festiwal do Katowic, nie będę się kopał z koniem.

Ale jedną nogą byłeś już we Wrocławiu.
Rozpuściłem wici, że szukam nowego miejsca. Rozmawiałem z Poznaniem, Krakowem, Wrocławiem, Katowicami. Przez długi czas z Katowic nie dostawałem żadnych konkretnych propozycji. Wrocław zaimponował mi świetną organizacją: szybko pokazali mi tereny, na których mógłby się odbyć festiwal, tuż obok Stadionu Olimpijskiego. Żadne cuda, serce mi gwałtownie nie zabiło, ciągle miałem nadzieję, że zostanę na Śląsku, ale zawsze to jakiś konkret.

Tydzień później miałem już spotkanie z prezydentem Wrocławia, który potwierdził, że chcą, by festiwal był organizowany u nich.

Gdy wracałem, zadzwonił telefon. To był Marek Zieliński z komitetu, który przygotowywał Katowice do kandydowania do miana Europejskiej Stolicy Kultury. I mówi, że właśnie leci do Sewilli, ale lot odwołany i czeka w hotelu na Okęciu na następny samolot, w radiu usłyszał moją piosenkę, coś go tknęło, więc pyta, jak tam rozmowy z Katowicami w sprawie przeniesienia OFF Festivalu.

Na to ja, że Katowice milczały, nie dostałem żadnej propozycji i że przenoszę festiwal do Wrocławia, za tydzień konferencja prasowa.

„No co ty! Poczekaj!" – krzyknął i się rozłączył. Bo Marek, przygotowując program Europejskiej Stolicy Kultury, umieścił w nim OFF Festival i sądził, że wszystko jest już uzgodnione. No i się zaczęło. Nagle wszyscy ważni na Śląsku zaczęli mnie namawiać, żebym zmienił decyzję i został w Katowicach. Dzień później spotkałem się z komitetem odpowiadającym za wniosek ESK. Program napisany przez Marka był dobrze wymyślony, a OFF był jednym z jego kluczowych punktów. Także miasto mocno zaangażowało się w rozmowy.

Efekt był taki, że tego samego dnia odmówiłem Wrocławiowi.

Ktoś kiedyś powiedział dziennikarzom, że to była z mojej strony czysto pokerowa zagrywka. A to nie była żadna zagrywka, tylko zwykły zbieg okoliczności. Nie chciałem robić festiwalu w Katowicach za wszelką cenę. Chciałem go zrobić tam, gdzie mi pozwolą i pomogą.

Jak ci szła współpraca z samorządem w Katowicach? Lepiej niż z mysłowickim?

Tego nie da się porównać. Piotr Uszok, ówczesny prezydent Katowic, miał świetnie dobraną załogę, cieszył się u niej dużym szacunkiem, widać było, że był dla tych ludzi autorytetem. Na spotkania, w których brałem udział z moim głównym producentem, przychodził prezydent i szefowie różnych wydziałów. Była też pani, która robiła z naszych rozmów podsumowanie, następnie wszyscy, po przyjęciu go do wiadomości, składaliśmy na nim podpisy. Gdy jeden urzędnik na spotkaniu lekko przysypiał, Uszok powiedział krótko: „To panu inżynierowi już dziękujemy".

Taka praca samorządowców może imponować. Czułem, że festiwal jest dla miasta poważną sprawą. Nasza współpraca układa się do dzisiaj bardzo dobrze.

Chodzisz na wybory?

Tak.

Na kogo głosujesz?

Mam nadzieję, że na mądrzejszych.

Wierzysz, że jeżeli w Polsce władzę dzierżą mądrzy ludzie, to możliwe są trwałe zmiany? Takie, które na dłużej zapewnią nam na przykład sprawiedliwszy podział dóbr, likwidację śmieciówek, lepsze szkoły, mniejsze bezrobocie i bezpieczeństwo?

Mam taką nadzieję, chociaż wiem, że to skomplikowane zadanie. Ciężko jest coś zmienić w kraju, w którym życie od lat toczy się według pewnych utartych reguł, w które zaangażowane są różne siły biznesowo-polityczno-społeczne. Jak gdzieś jest interes, to trudno zmienić siły, proporcje. Potrzebna jest wizja, osobowość, inteligencja , trochę przebiegłości, tak żeby robić to po swojemu i wygrać. I potrzebny jest czas.

Jednak erozja polityki jest często tak zaawansowana, że jeśli wchodzi w ten świat nawet bardzo rozsądny człowiek z dobrym planem, to niewiele da radę zrobić. Ledwo zacznie, a już go odwołują albo oczerniają.

To jest tak trochę jak przez ostatnie lata z trenerem reprezentacji Polski w piłce nożnej. Dwa, trzy mecze przegrane, nie udało się – i kolejny trener, a potem następny. Ogromna presja oczekiwań i szybko wyczerpujące się zaufanie nie sprzyjają tworzeniu dobrej drużyny, która będzie wygrywać nie tylko mecze towarzyskie ze słabymi zespołami, ale i wielkie turnieje.

Po latach wyjątkiem może być Nawałka. Zobaczymy, co będzie dalej.

No i w polityce jest podobnie: trudno działać spokojnie, długofalowo. Za szybko odbieramy politykom szansę i wymieniamy jednych na drugich.

Chciałbym, żeby było inaczej, ale nie sądzę, by kiedyś przyszła chwila, że gremialnie stwierdzimy: tak, to jest dobry rząd, pracuje dla naszego wspólnego dobra, chce uporządkować nasz świat, pomożemy mu, wesprzemy.

Chcemy ciągle więcej i więcej.

Mamy jeszcze jedną słabą cechę: zazdrość. Nie doceniamy się, mamy w sobie za mało dumy. I w związku z tym, nie zauważamy zmian.

Polska w ruinie.

Trochę tak. Nie wiem do końca, z czego to wynika. Wszystko jest nie takie, jakie powinno być – drogi nie dość proste, Pendolino nie dość szybkie. Jesteśmy wiecznie niezadowoleni, a z naszymi kompleksami i zawiścią nawzajem się niszczymy.

A przecież mamy wiele powodów do dumy. Udało nam się wiele przeżyć, zmienić, potrafimy się zmobilizować, co udowodniliśmy nie raz, wychodząc z opresji. Świat nas podziwia bardziej niż my sami siebie.

Uratuje się tylko ten, kto będzie umiał wyjść z tego naszego piekiełka, stanąć ponad naszymi swarami.

Udaje się to polskim sportowcom, niektórym artystom, jak Stańko czy Preisner. Gdyby nie to, że Zbyszek robił muzykę do uwielbianych wszędzie filmów Kieślowskiego i wykorzystał swoją szansę, pracując dla najlepszych na świecie, byłoby mu dziś w Polsce znacznie gorzej albo by go tu w ogóle nie było.

A tak międzynarodowy sukces pozwolił mu wyskoczyć z piekiełka. Stanął ponad intrygami i złymi emocjami. Ponad ludźmi, którzy go krytykują i nie życzą mu dobrze.

Dodało mu to pewności siebie i wiary, że to, co robi, ma sens. Potwierdziło, że jest dobry i może być z siebie dumny.

Mógł powiedzieć: *Thank you Poland and good luck.*

17. LEKCJA PRZYBIJANIA GWOŹDZI

Ludzie kończą pięćdziesiąt lat i myślą: kurwa, i co teraz. Powoli trzeba się pakować. Samotnie. Ja nie chcę pakować się samotnie.

Ojciec był górnikiem.

Tak.

To dla niego napisałeś piosenkę *Dla taty*? Tę, którą zaśpiewałeś z Lenny Valentino? Przeczytam, OK?

„Dotknij mnie, dotknij mej twarzy, / zobacz, jak zimna jest, gdy nie patrzysz. / Zabierz mnie, prowadź mnie dalej, / podaj mi rękę, nim całkiem zwiędnę. / Zgubiłem siebie, / a wszystkie złe kwiaty rosną / na ciele, gdy na mnie nie patrzysz, / z każdym dniem jest ich więcej, / i więcej niż mnie, więcej niż mnie. / On mówił do mnie – zapomnij o mnie, / nie patrz już na mnie i nie mów o sobie. / Zapomnij, kim byłem, kim jestem, kim będę, / zapomnij na zawsze i nie mów nic więcej".

Nie. Nigdy nie odwoływałem się w żadnej piosence do niego jako do konkretnej osoby. Bo go nie znałem. Do czego więc miałem się odwoływać? Do zdjęcia?

To jest piosenka o braku. Ale nie braku konkretnej osoby, po prostu o stanie duszy. Mojej. Bez pretensji do kogokolwiek konkretnego. Nie można mieć pretensji do kogoś, kogo nie ma.

Rodzina – żona i synowie – są dla ciebie ważni?

Tak.

Jesteś w stanie poświęcić dla nich wszystko?

Nie wyobrażam sobie innego życia. Ale mam świadomość, że wszedłem w budowanie rodziny z deficytem polegającym na braku ojca i mogą mi umknąć różne ważne rzeczy.

Jeśli ma się świadomość, że coś jest nie tak, to podobno już się jest na prostej drodze do naprawienia sytuacji.

Nie wystarczy świadomość, że jest się takim, a nie innym. Są ludzie, którzy wiedzą, jacy są, i wzruszają ramionami: no cóż, nie zmienię się. Sam taki byłem piętnaście lat temu. Teraz najbardziej imponuje mi postawa: mam problem, próbuję go rozwiązać, mam deficyt, muszę z nim coś zrobić.

Trzeba nad sobą pracować cały czas. Jednym się to wydaje naturalne, lubią to, nie potrafią bez tego żyć, ciągle widzą, że coś jest do poprawy. Inni robią to od czasu do czasu – ale to też zawsze lepsze niż nierobienie niczego.

Co to znaczy być ojcem?

Miłość, kontakt, bliskość. Stanowią w przyszłości bazę do zbudowania własnego dobrego życia.

A jak chciałbyś być zapamiętany przez chłopców?

Że byłem przy nich obecny, że miałem dla nich czas.

A kiedy jeździsz z wózkiem, chodzisz na plac zabaw, nigdy nie usłyszałeś od kumpli: „Artur, daj spokój z tym przedszkolem, chodź na piwo"?

Nie. To nie jest żadne wyrzeczenie, nie robiłem tego kosztem życia towarzyskiego.

Philip Zimbardo, słynny amerykański psycholog społeczny, stawia tezę, że w czasach przyspieszonej feminizacji świat zaczyna cierpieć na brak ojców. Mężczyźni powinni na nowo zbudować swoją ojcowską tożsamość, inaczej społeczeństwo będzie cierpiało z powodu różnych deficytów. Tak jak cierpią dzieci, szczególnie synowie, wychowywani bez ojca. W co się bawisz z synami?

Buduję z klocków Lego, układam kolejkę, gram w piłkę nożną i badmintona, rozpalam ognisko, skaczę na trampolinie, jeżdżę na rowerze i hulajnodze... Różne rzeczy.

W Stanach powstają wolontariackie grupy wsparcia ojców, którzy sobie radzą, dla ojców, którzy radzą sobie gorzej. Mógłbyś taką założyć.

Oj, nie, wielu rzeczy nie umiem robić.

Na przykład?

Jestem mało techniczny. Mnie tego nikt nie nauczył. Sam musiałem się tego nauczyć. Na przykład wbijania gwoździ.

Większość facetów nie umie dziś wbijać gwoździ.
OK, ale ten gwóźdź jest symboliczny. Są rzeczy, które faceci wychowywani przez ojców mają w naturalny sposób. A ja ich nie mam. Muszę to tworzyć od nowa. Przeczytałem ostatnio wypowiedź Kamila Sipowicza na temat praw, które ojcowie powinni nadać swoim synom. Chyba do końca nikt nie nadał mi tych praw.

A dziadek? Nie uczył cię, jak być mężczyzną?
Nie. Dziadek się mną opiekował. Wyręczał mnie. Mówił: „Daj, synek, ja to zrobię". Dorastałem w poczuciu, że nie muszę nic umieć – ani wywiercić dziury w ścianie, ani przybić gwoździa. Zawsze był ktoś, kto zrobiłby to za mnie.

Wychowywano mnie w balonie ochronnym: nie mówić mu tego, nie mówić tamtego, przenieść do dziadków, to będzie miał bliżej do szkoły. W dzieciństwie nie miałem szans zderzyć się z życiem. Tak, pewnie dlatego, że dziadkowie i mama tak właśnie wyobrażali sobie moje wychowanie. Ale nie wiem, jaki byłbym, gdyby nie klub pływacki. To na obozach nauczyłem się ścielić łóżko, robić zakupy, wydawać pieniądze, wstawać rano, pakować się. Dzięki pływaniu stałem się samodzielny.

Ogarnąłem się, wyszedłem z balonu, ale i tak nie nauczyłem się przybijać gwoździ.

Aż spotkałem moją żonę, która mi powiedziała, żebym się puknął w głowę – że muszę umieć naprawić spłuczkę w łazience, bo ona tego za mnie nie zrobi, a nie zawsze ktoś przyjdzie, żeby mi pomóc.

Ale do dziś często złoszczę się na siebie, że czegoś nie potrafię, że muszę szukać fachowca, który zrobi to za mnie. Że nie mogę nauczyć czegoś chłopaków, a powinienem. Bo nie można się cały czas kimś wyręczać. Można być zapracowanym, nie mieć czasu, ale takie rzeczy, jak nalać płyn do spryskiwacza w samochodzie, wymienić koło czy zadbać o rower, trzeba umieć.

Możesz się nauczyć.

Wiem. I się uczę, podpatrując u innych. Jak coś mi się podoba, to ściągam.

I umiesz teraz naprawić spłuczkę?

Jasne. I wywiercić dziurę w ścianie.

Co jest potrzebne w wychowywaniu synów, żeby potrafili się odnaleźć w świecie?

Dać im dużo miłości, pomóc zbudować tożsamość i nauczyć ich jak najwięcej. Jak przetrwać, postawić namiot, rozpalić ognisko, jak obchodzić się ze scyzorykiem. Gdy byłem dzieckiem, trener zabrał nas na obóz na Mazury, potem kilka razy byłem z żoną pod namiotem i teraz, patrząc na dzieci, myślę, że powinienem im zafundować takie warunki.

Żeby je zahartować?

Tak. Przyszedł czas, żeby szczególnie starszy syn zaczął się uczyć samodzielności. A my z nim. Bo jesteśmy bardzo uważającymi rodzicami. Gdy odwiedzaliśmy znajomych i Franek z ich synami poszedł na osiedle naprzeciwko ich domu, to cały czas stałem przy oknie, wypatrując, czy im się udało, czy już wracają i czy są cali.

Mam wrażenie, że dzisiejsze dzieci, nie tylko nasi synowie, cierpią na brak rówieśników. Nie ma podwórek, trzepaków. W tygodniu trudno się spotkać ze znajomymi, bo wszyscy ciężko pracują albo mają dodatkowe zajęcia. Jedyne miejsce, gdzie spotykają się dzieci, to szkoła, ewentualnie kluby sportowe czy lekcje angielskiego. Jednak relacje, które można nawiązać podczas godziny czy dwóch tenisa albo angielskiego, są mocno ograniczone. Pewien trener karate, z którym rozmawiałem na temat zwiększenia ilości treningów dla naszego starszego syna, powiedział mi w rozmowie ważną rzecz: że współczesne dzieci mają wiele możliwości, ale brakuje im czasu na proste zabawy.

Myślę, że to niedobrze. Dzieci powinny się socjalizować, uczyć wspólnego życia, cieszyć się sobą. Bo to się odbije na przyszłym życiu społeczeństwa, które już teraz jest bardzo zindywidualizowane, a mało wspólnotowe.

Zresztą ja też nie miałbym kolegów, gdyby nie klub i szkoła. Byłem jedynakiem, rzadko wychodziłem na podwórko. Babcia i dziadek byli spokojni o mnie, gdy siedziałem w domu.

Często jesteś z synami?

Tak. Jestem ojcem udomowionym. Często robię chłopcom śniadanie, odwożę ich do szkoły. W domu nie mamy biura – wyprowadziliśmy pracę na zewnątrz.

Zrobiliście to świadomie?

Tak. Nad wieloma projektami pracujemy wspólnie z żoną. To nie jest proste nie rozmawiać o pracy w domu. Ale od kilku lat biura w domu już nie mamy. Był czas, kiedy pracowaliśmy na strychu. Praca mieszała się z życiem codziennym. Teraz jest inaczej, lepiej.

W czasie mojego intensywnego życia koncertowego wyjeżdżałem za dużo, ciągle mnie nie było. Teraz są dzieci, które mnie potrzebują, a nad ilością i okresami koncertowania mam kontrolę.

Jesteśmy razem i to jest fajne.

Mamy w domu komputer, stoi na stole w pokoju dziennym i choć staram się kontrolować korzystanie z niego, to jednak wkurza mnie, że jest go w naszym domowym świecie za dużo.

Zimbardo twierdzi, że są cztery powody, dla których z facetami nie jest dobrze. Po pierwsze – są wychowywani bez ojca, po drugie – nie uprawiają sportów, po trzecie – wrzucają w siebie śmieciowe żarcie, po czwarte – żyją przed komputerem, w przestrzeni wirtualnej. Czy twoi synowie wiedzą, co to McDonald?

Wiedzą, byli tam raz, bo starszy syn chciał spróbować shake'a. Nie bywają tam jednak nie dlatego, że im zabraniamy. Po prostu zabieramy ich w miejsca bardziej atrakcyjne z naszego punktu widzenia. Żeby im pokazać, że są fajne miejsca, z których warto korzystać. Traktujemy ich poważnie. Nasze dzieci to doceniają. Wiedzą, co to smak!

Nie wierzę, że nie lubią hot dogów.
Uwielbiają, mogliby je jeść codziennie. I tosty. Więc gdy po raz kolejny proszą: „Tato, zrób mi hot doga", mówię: „Chłopaki, nie możecie jeść tego codziennie, zrobię coś innego".

I co robisz?
Zapiekankę na dobrym chlebie. Są szczęśliwi.

A jak radzicie sobie z komputerem?
Oczywiście, uwielbiają grać, bardzo lubię grać z nimi w Fifę. Ale czas tego typu zabaw limitujemy. Jeszcze niedawno w tygodniu Franek mógł grać dziesięć minut dziennie, teraz zwiększyliśmy limit do dwudziestu. A w soboty i niedziele ma po godzinie.

Strasznie restrykcyjnie.
Czasem godzina trwa dłużej. Staramy się dbać o to, jak spędzają czas poza graniem. Żeby to były atrakcyjne chwile, podczas których dobrze się czują: na rolkach,

na rowerze, z hulajnogą. Jest wiele zajęć, które sprawiają im przyjemność. Fajnie, że lubią rozmawiać.

Jest więc mało prawdopodobne, że granie na komputerze zdominuje ich życie.

Wyobrażasz sobie przyszłość chłopców?

Nie wyobrażam sobie, że mają się zająć czymś konkretnym. Czasem myślę, że nie chciałbym tylko, żeby zostali artystami.

To dość częste w przypadku artystów, że nie chcą, by ich dzieci powtórzyły ich drogę. Aż takie ciężkie to artystyczne życie?

To specyficzna praca, w której ludzie z reguły są mocno skupieni na sobie. Bycie artystą wynika z wewnętrznej potrzeby, którą nie zawsze, ale najczęściej rządzą kompleksy.

Właściwie to, kim zostaną nasi synowie, jest mniej ważne od tego, czy będą szczęśliwi.

Psycholodzy mówią, że gdy na świecie pojawiają się dzieci, to często ludzie przewartościowują różne sprawy. Dostrzegają w sobie i otoczeniu inne rzeczy niż wcześniej.

To prawda. Patrzysz na dzieci jak na siebie. Im większa świadomość tego, co się przeżyło, własnych doświadczeń i emocji, tym większa szansa, żeby spojrzeć na dziecko w bliski i zaangażowany sposób. Każdy element życia malucha ma znaczenie. Bo wiesz, co dla ciebie miało znaczenie, jak na ciebie wpłynęło na przykład to, jak spędzałeś czas, w jakim układzie rodzinnym. No i jesteś bardziej wyczulony na potrzeby dzieci, mając świadomość własnych braków jako rodzic.

Jesteś w stanie więcej dać i zrobić więcej dobrego, niż gdy przyjmujesz zasadę: jestem taki, jaki jestem.

Ale nawet będąc nadzwyczaj czujnym, nie uchronisz swojego dziecka przed wszystkimi niebezpieczeństwami. Nie wyreżyserujesz jego życia.

Nie chcę tego. Mam świadomość, że mój – a raczej nasz, bo robimy to razem z żoną – sposób wychowywania chłopców nie jest idealny, że możemy się mylić. Najważniejsze jednak, żeby nie robić głupich błędów, nie krzywdzić dzieci. Żeby biorąc pod uwagę własne doświadczenie, być uważnym i dostrzegać to, czego nie dostrzeżono w naszym wychowaniu.

Ale nie jesteśmy naiwni: wiemy, że nie zbudujemy chłopcom ich życia. Oni muszą sami je przeżyć.

Fajnie byłoby, gdyby dzieci były trochę takie jak my, żeby nie płynęły z prądem, ale wbrew niemu. Pod prąd. Pewnie nawet podświadomie im przekazujemy taki sposób patrzenia na świat: żeby nie ulegały tanim modom, koniunkturze, nie dały się łatwo łapać na haczyk.

Ważna jest też dobra szkoła i, szczególnie dla mnie, sport. Mnie uporządkował życie.

Zimbardo też mówi o tym, że bez sportu nie da się wychować mężczyzn.

Dla mnie sport jest tak naturalnym zajęciem jak oddychanie. Nie muszę jakoś specjalnie się wysilać, żeby jechać ze starszym synem na trening. Wiem, że to, że w wieku siedmiu lat potrafi pływać, jeździć na rowerze, rolkach, nartach, ćwiczy karate, gra w piłkę nożną, dzieje się dlatego, że o to dbałem. I cieszę się, że tak się stało, bo dla niego sport też powoli zaczyna być czynnością naturalną, sposobem na wykorzystywanie energii. I to go rozwija. To, jak się czuje fizycznie, wpływa na jego psychiczne samopoczucie. I na to, że jest dzieckiem otwartym, ruchliwym i kontaktowym. Antek ma podobnie. Jest o cztery lata młodszy, a już się uczy pływać. Świetnie radzi sobie na hulajnodze i rowerze.

Myślisz, że dzięki temu będą sumienni, obowiązkowi i zdeterminowani jak ty?

Fakt, mnie obowiązkowości nauczył sport. Ale nie musisz być wcale sportowcem, żeby być człowiekiem obowiązkowym. Dużo daje przykład rodziców. Nie masz tego w domu, to szanse, że będziesz odpowiedzialny, są mniejsze.

A czego najlepiej uczy sport?

Systematyczności, punktualności, szacunku do pracy, wysiłku, pokory. Uczy wygrywania i przegrywania.

Mnie tego nauczył, choć wiem, że to były inne czasy. Była szkoła i basen, ewentualnie zapasy i szachy. Trener mówił: „Chcesz pływać, to pływaj, może coś osiągniesz, a jak nie, to spadaj na swój hasiok", czyli po śląsku śmietnik.

W Mysłowicach była szkoła podstawowa i zaledwie kilka sekcji sportowych. Najczęściej jedni pływali, drudzy ćwiczyli zapasy w Sile Mysłowice. A dzisiaj masz ogrom możliwości, dużo różnych zajęć, możesz się uczyć wielu rzeczy. A to lekcje językowe, a to warsztaty, które poprawiają koncentrację. Trzeba próbować i obserwować dziecko.

Kiedyś to był kosmos – ani rodzice, ani nauczyciele nie zwracali tak bacznej uwagi jak dziś na to, w jaki sposób dziecko się rozwija. Ze względu na wiedzę i na możliwości. Chociaż dzisiaj przeginamy w inną stronę.

Dziś my, wychowankowie takiego systemu bez wiedzy i możliwości, chcemy dać swoim dzieciom wszystko. I przeciążamy je.

Dziś możliwości jest tyle, że raczej mamy kłopot z wyborem niż z brakiem. Pływanie, piłka, zapasy, tenis, może szermierka albo karate – co wybrać dla swojego dziecka, jak mu doradzić, czemu mogłoby się poświęcić całkowicie, jak ja kiedyś pływaniu?

Nasze dzieci robią takie rzeczy, o których ja w ich wieku nawet bym nie pomyślał.

I robią to wszystko z tobą?

Tak. Nie jeżdżę z nimi tylko na rolkach, to akurat robi żona.

Pokazujesz synowi wiele możliwości i dajesz mu swój czas. Ale i tak sam wybierze swoją drogę.

Robi to, co lubi, do niczego go nie zmuszam. Ważne jest też, że dzięki sportowi przebywa wśród rówieśników. Właściwie te zajęcia w szkole, w klubie, na basenie, na obozach to jedyne poza szkołą miejsce, gdzie dzieciaki mogą ze sobą pobyć.

Znikają podwórka i trzepaki, są domy i mieszkania z zamkniętą przestrzenią, z której dzieci nie wychodzą, bo albo rodzice nie wypuszczają ich ze strachu, że im się coś stanie, albo same nie chcą, bo siedzą przed komputerami.

Czytacie razem?

Tak, chłopaki to ludzie akcji, ale chętnie się zatrzymują na filmie, książce. Potrzebna jest tylko inspiracja z naszej strony. Kupiłem przepięknie ilustrowaną książkę o Pinokiu i od kilku tygodni czytamy jeden rozdział przed snem.

Uczysz ich porządków?

Proszę, żeby mi pomagali przenieść, podnieść, poukładać. Antek ma trzy i pół roku, więc trudno od niego wiele wymagać, ale Franka uczymy powoli konkretnych obowiązków, na przykład ścielić łóżko. Zauważyłem, że przed treningiem piłkarskim układa koszulkę i spodnie. Wielu jego kolegów tego nie robi.

Patrzę na niego i myślę, że jest nad wiek dojrzały.

Jeśli jesteś uważnym rodzicem, to zauważysz, że twoje dziecko nie daje rady. Tylko gdzie jest granica?

Granicą jest przyjemność – jeżeli różne aktywności sprawiają dziecku frajdę, to w porządku. Jeśli już tylko zadowalają rodziców, a dziecko orze nosem, to jest przegięcie.

Mówi się, że niedługo w Polsce będzie tak jak w Stanach – zaczną obowiązywać dwa modele rodzicielstwa. Rodzicielstwo śmieciowe, które dotyczy ludzi ubogich, biegających z pracy do pracy. Tacy nie będą mieli ani czasu, ani kasy, żeby zajmować się dziećmi. Drugie rodzicielstwo – korporacyjne – dotyczy ludzi, którzy mają pieniądze i wierzą, że za ich pomocą stworzą ze swoich dzieci modele idealne. Jak zachować zdrowy rozsądek w świecie, w którym zajmowanie się dziećmi staje się gonitwą za sukcesem, w dodatku napędzaną przez rywalizację z sąsiadami i ze znajomymi?

Kluczem jest miłość. Ludzie o tym zapominają, są zagonieni i ambicja ich oślepia. A jestem przekonany, że gdy matka czy ojciec patrzą na swoje dziecko z miłością, to pojawia się błysk – i zwalniają.

Sam czasem się rozpędzam tak, że o tym zapominam. Nie tylko o miłości do bliskich, ale i do samego siebie. Trudno potem złapać perspektywę i ocenić, co w życiu właściwie jest dobre, a co złe.

Psycholog Jacek Masłowski mówi, że są cztery cechy dobrego ojca. Pierwsza to stanowczość. Jesteś stanowczy?
Oj, musiałbym nad tym popracować. A następna cecha?

Konsekwencja.
W rozumieniu standardowym tak, ale wymagam od siebie więcej.

Jak koniec zabawy, to koniec zabawy?
Tak, chyba że wchodzi żona i mówi: „Daj im jeszcze troszkę się pobawić".

Trzecia cecha: zaangażowanie. Gdy zajmujesz się dziećmi, to dajesz im sto procent swojego czasu i uwagi. A nie, układając klocki, patrzysz na smartfona.
Nie jestem w tym idealny.

Zostają ciepło i wrażliwość, podobno najmniej doceniane przez mężczyzn. A jak jest z tobą?
Jeśli mocno kochasz swoje dzieci i jesteś świadomy ich potrzeb, to wrażliwość i ciepło pojawiają się w tobie

naturalnie. Niestety życie w pośpiechu tego nie ułatwia. Czasem żona zwraca mi uwagę na różne takie rzeczy. I taka wewnętrzna, partnerska korekta to fajna sprawa.

Wygląda na to, że bycie rodzicami sprawia wam wielką przyjemność. Ale przyjdzie moment, kiedy chłopcy wyjdą z domu, a wy zostaniecie sami.

Cały czas się do tego przygotowujemy. Myślimy i rozmawiamy o tym, gdy patrzymy na swoje dziecko, któremu prężą się muskuły pod skórą, a przecież jeszcze niedawno usypialiśmy je na rękach. Mamy nadzieję, że to będzie dla nas naturalne, że dzieci będą się z tego wyjścia w świat cieszyć, a my z nimi.

Gdy kiedyś spotkałem w pociągu Kazimierza Kutza, opowiadał mi z dumą o czwórce swoich dzieci. I o tym, że ma kolegę reżysera, który dzieci nie ma – od zawsze prowadzili z żoną bujne życie towarzyskie, jakoś nie było czasu na potomstwo.

Przyszedł moment, że się zestarzeli, większość kolegów poumierała i zostali sami. I zawsze, gdy spotykają Kutza, mówią: „Kaziu, ty masz dobrze, dzieci, wnuczkę. A my siedzimy sami".

Taka prosta, smutna historia, prawda? A większość ludzi o tym nie myśli, póki nie przekroczą smugi cienia. Kończą pięćdziesiąt lat i myślą: kurwa, i co teraz. Powoli trzeba się pakować. Samotnie. I nie mam o kim myśleć.

Ja nie chcę pakować się samotnie.

18. CHCIAŁBYM UMRZEĆ Z MIŁOŚCI

Wiesz, co najbardziej zapamiętałem z dzieciństwa? Jak babcia z dziadkiem idą przez park, trzymając się za ręce.

Wiesz, że jesteś śmiertelny?
No pewnie.

Często myślisz o przemijaniu, starości?
Gdy nagrywaliśmy *Happiness Is Easy*, powiedziałem chłopakom: „Panowie, napiszmy piosenkę o starości". I ktoś rzucił: „Kurwa, ja mam dopiero czterdzieści lat, co tam będę myślał o starości?". No to odpuściłem, OK, nie piszmy.

Ale tak, często o tym myślę. Dojrzałem. Nie jestem już wystraszonym dzieckiem, uwolniłem się od niego. Jestem dorosły, mam własne dzieci.

Życie wysłało mi już wystarczająco dużo sygnałów, żebym zrozumiał, że tego nie da się uniknąć. Że trzeba się przygotować.

Pierwsza śmierć, która cię dotknęła?
Ojczyma. Byłem wtedy w czwartej klasie podstawówki. To był fajny, ciepły człowiek. Nagle się okazało, że ma guza w mózgu, umarł podczas operacji. Pamiętam, że mama bardzo płakała. I że na ulicy podeszła do mnie moja nauczycielka rosyjskiego i zapytała: „Słyszałam, że ci tata umarł. To prawda?".

A dla mnie ta śmierć to była taka trauma, że bałem się zamykać oczy, bo mi się wydawało, że jak to zrobię, to umrę. Więc z uśmiechem na twarzy odpowiedziałem: „Tak". Bo byłem jak zwykle grzeczny i musiałem coś odpowiedzieć.

A kilka lat później umarł syn mojego ojczyma, czyli mój przybrany brat, nie miał jeszcze czterdziestki.

Potem dotknęła mnie bardzo śmierć mojej teściowej, długo chorowała, przez trzy lata byliśmy przy niej, gdy odchodziła.

Babcia Trudzia?

Nie spodziewałem się, że się poryczę na pogrzebie. A tak się stało, w kompletnie niekontrolowany sposób.

„W przemijaniu nie ma nic strasznego. Ale jestem wściekły" – powiedziałeś w jednym z wywiadów. Rozumiesz, że wszystko musi minąć, ale to nie znaczy, że się godzisz?

Przez trzydzieści lat babcia chorowała na serce i dawała radę, a potem przyszła miażdżyca, straciła nogę, strasznie cierpiała. I umarła we śnie, myślę, że z bólu. Śmierć właściwie przyniosła jej ulgę. Wiedziałem, że muszę się trzymać, wstrzymywać emocje, ale nie dałem rady, po prostu coś we mnie pękło. Tak, rozumiem, że wszystko mija. Ale mnie to wścieka.

Przyjaciel?

Gdy się okazało, że może nim być, zachorował. I umarł w ciągu roku. Nie miałem takich wielu, dwóch, trzech.

Jeśli niebo istnieje, co chciałbyś usłyszeć po przekroczeniu jego bram? To pytanie z kwestionariusza Pivota.

Cieszę się, że cię widzę.

Jesteś człowiekiem wierzącym?

Wychowałem się w domu, w którym wszyscy chodzili do kościoła, modlili się.

Nad twoim łóżkiem wisiał obrazek z Aniołem Stróżem?

Tak. I krzyżyk. Ale mam wrażenie, że ta wiara w dużym stopniu była automatyczna, pobożność rytualna. Po prostu przychodziła niedziela, więc szliśmy do kościoła. Nie było rozmów o Biblii i wartościach. Moje podejście do wiary zmienia się z wiekiem.

Może wiedząc, że się starzejesz, boisz się śmierci? Czas pojednać się z Bogiem.

Nie o to chodzi. Myślę, że wierzących trzymają w ryzach wartości, oczywiście, jeśli traktują je serio i są im wierni.

Nie przeszkadzają ci księża pedofile, hipokryzja Kościoła, rozpolitykowanie Radia Maryja?

Ja mówię o Bogu. A Kościół to instytucja grzeszna jak wszystko w świecie – zdarzają się w nim idioci, zbrodniarze, którzy przekraczają normy, błądzący, ale jest w nim mnóstwo wspaniałych ludzi trzymających się dobrych zasad. I to oni stanowią dla mnie wartość Kościoła.

Jakie to zasady?

Szacunek do innych ludzi i samego siebie, wierność i – zwłaszcza – miłość. Stosunek do miłości szczególnie ujmuje mnie w Janie Pawle II. Miłość zwycięży niepokój – banał, co?

Nie.

To dla mnie bardzo głębokie. Ludzie, którzy nie kochają siebie i innych, żyją w zamęcie. Bo miłość porządkuje chaos świata i daje spokój. Nic tego nie zastąpi: ani rozbijanie się zajebistymi samochodami, ani sukces zawodowy, podziw, majątek czy supergadżety. Jeśli nie ma miłości, nie ma szczęścia.

Można kochać i być dobrym człowiekiem, nie wierząc w Boga.

Można. Jednak z wiary łatwiej wydobywa się wartości. Ale oczywiście to prawda, że z dziesięciorgiem przykazań można robić różne rzeczy, różnie je interpretować. Bywają głęboko wierzący źli ludzie i odwrotnie: pełni dobroci niewierzący.

A co z życiem wiecznym?

Wierzę, że czeka mnie droga dalej, ale moja wiara wymaga większego pogłębienia. Jestem w drodze. Głęboko wierzy moja żona, staramy się wychowywać dzieci tak, by były przygotowane do wiary. Chodzenie z nimi do kościoła, przyjmowanie sakramentów, rozmowa o wartościach z perspektywy katolickiej są dla nas bardzo ważne. Chcę, żeby chłopcy w tym uczestniczyli, żeby nie obrażali się na Kościół dlatego, że jakiś ksiądz zrobił coś idiotycznego i napisały o tym gazety.

Nigdy nie wątpiłeś?

Bywało różnie. Jeśli nie chodziłem do kościoła, to z lenistwa albo zagonienia. Zawsze potrzebowałem wiary. Teraz próbuję ją wzmocnić, choć, przyznaję, że się zaniedbuję.

Nie masz wątpliwości co do opinii Kościoła w różnych sprawach? Na przykład w sprawie in vitro?

Mam. Ale wiem też, że opinie na ten temat nawet w Kościele są podzielone. Być może za pięćdziesiąt lat stanowisko w tej sprawie się zmieni.

Wiara porządkuje moje życie i kształtuje mój system wartości nie dlatego, że są jacyś ludzie, którzy ją głoszą, i jeśli się na nich zawiodę, to przestaję wierzyć. Taka wiara byłaby słaba. Wiara w nauki Chrystusa jest czymś, co wychodzi ponad ludzi i ich słabości. Nawet ponad ich opinie, że coś muszę, a czegoś nie.

A jak ksiądz mówi o dzieciach z in vitro, że urodziły się z bruzdą?

Zdarzają się źli poloniści, ale to nie znaczy, że nauka polskiego jest zła.

Uprawiasz churching czy chodzisz do jednego kościoła?

Głównie do jednego: kościoła Świętego Michała w parku Kościuszki w Katowicach. Mały drewniany kościółek. Chrzciliśmy tam dzieci. Ale jeśli kiedyś usłyszymy tam jakieś głupie kazanie, to z tego powodu nie przestaniemy tam chodzić.

Często gdy cię pytam, co robiłeś, odpowiadasz w liczbie mnogiej. Chodzi o Anię, twoją żonę?
Tak.

Na ostatniej płycie umieściłeś piosenkę *Czas, który pozostał*: „Na zawsze unieść sobą / smutek chwili, daję słowo. / Nie pozwolę ci mnie opuścić / nawet, gdybym miał się zgubić". Ładne. Często ludzie identyfikują kobiety z twoich piosenek z Anią?
Jest wielu, którzy słuchając moich piosenek, wszystko identyfikują ze mną. To bywa kłopotliwe.

A tak nie jest?
Nie. Buduję tekst jak mozaikę, ze wspomnień, przeżyć, notatek, książek, opowieści, filmów. Rozglądam się za takimi elementami, gromadzę je, a potem wykorzystuję. Parafrazuję, nie kopiuję. Jednak często ja sam jestem punktem wyjścia, ale i punktem dojścia. A czasem nawet gdy założę sobie, że piszę o czymś zewnętrznym, skręca we mnie. Łatwiej się pisze o sobie. Tak było z piosenką *Krótkie momenty skupienia*. Miało być o ludziach w śpiączce, niekontaktujących się ze światem, a jak skończyłem, to zrozumiałem, że tekst jest trochę o mnie.

Więc gdy ktoś słucha piosenki o dwojgu ludziach i ich relacje identyfikuje ze mną, trochę się myli, a trochę nie. Życie świadczy samo za siebie.

Jak się poznaliście?
Mieliśmy z chłopakami w ogólniaku taki zwyczaj, że po lekcjach stawaliśmy przed szkołą i patrzyliśmy na wychodzące dziewczyny. Dyskutowaliśmy, które są fajne. I kiedyś wyszła ona.

Koleżanka, która ją znała, zrobiła mi przysługę i zorganizowała wyjście paczką do kina. I załatwiła, że siedzieliśmy obok siebie.

Pamiętasz, jaki to był film?
Tak, *Sliver* z Sharon Stone i Williamem Baldwinem. A potem zorganizowałem u siebie w mieszkaniu sylwestra, na który zaprosiłem Anię. To był koniec 1993 roku. I od tego czasu jesteśmy razem.

Łatwo się z tobą żyje?
Nie, mam wrażenie, że coraz trudniej. Jestem absorbujący, nieustannie coś rozkminiam, mnożę problemy. Mam jednak zaletę: szybko zmierzam do ich rozwiązania.

Co trzeba robić, żeby wytrzymać ze sobą dwadzieścia trzy lata?
Dużo.

Czyli?
Wierzyć w siebie.

A konkretnie?
To ciężka codzienna praca. Nie wolno sobie odpuszczać. Wobec drugiej osoby trzeba być uważnym, skupiać się na niej, patrzeć na nią, słuchać jej. I trzeba rozmawiać o tym, co się czuje. Nie wolno się zatrzymywać, rozleniwiać.

A gdy dochodzi do spięć?
Szukać porozumienia.

Może czasem trzeba się rozstać?
Dla mnie życie ma sens, gdy jesteśmy razem, a im więcej tego wspólnego czasu, tym bardziej jesteśmy związani. Dziś po tylu latach jesteśmy teamem. Nie myślimy tylko o sobie.

To nie jest męczące?
Nie. To dla mnie ogromna wartość, której nauczyłem się, będąc w długoletnim związku.

Masz przyjaciela większego niż Ania?
Nie. Ale między nami wiele się dzieje, nie jesteśmy wzorcowi jak z reklamy proszku do prania.

Jesteście bardzo różni?
Moja żona jest poukładana, lubi mieć wszystko porozwiązywane, posegregowane, uporządkowane.

Ja pcham nas do przodu, ale działam jak wariat. Ryzykuję, nie analizuję za dużo, bo gdybym zaczął to robić, szybko bym zrezygnował z wielu projektów.

Ania, która jest producentem OFF Festivalu, ma świetny logistyczny umysł. Zawsze ma swoje zdanie, co, jak i kiedy zmodyfikować. Jest ambitna i wymagająca.

A ty co na to?

Zwykle mówię „nie". A potem się zgadzam.

Ale wiesz, co najbardziej zapamiętałem z dzieciństwa? Jak babcia z dziadkiem idą przez park, trzymając się za ręce.

19. WIELKA SIEDEMNASTKA

Bez tej muzyki nie byłbym tym, kim jestem.

1. Pink Floyd. Oszalałem na ich punkcie jako jedenastolatek. Fascynacja osłabła, ale do dziś często wracam do takich płyt, jak *Meddle*, *Animals*, *Wish You Were Here* i *The Wall*.

2. Dzięki **Clan of Xymox** zacząłem słuchać elektroniki lat osiemdziesiątych, Depeche Mode czy Bronski Beat. Ich dwie płyty *Clan of Xymox* i *Medusa* są absolutnie wybitne.

3. OMD – mój ulubiony zespół z czasów elektronicznego popu.

4. Talk Talk – *It's My Life* i *The Colour of Spring*. Czas zapieprza do przodu, a Talk Talk wciąż brzmi dla mnie zaskakująco świeżo. Gdy byłem nastolatkiem, słuchałem ich, czytając biografię Presleya. Teraz kiedy o nich myślę, mam przed oczami Elvisa.

5. W 1986 roku obciąłem rękawy w koszuli, a na plecach napisałem mazakiem **U2**. Mój trener myślał, że to na cześć samolotów rozpoznawczych zbudowanych na zamówienie CIA w latach pięćdziesiątych. Słuchałem U2 od *October* do *Rattle and Hum*.

6. Kiedy usłyszałem płytę *Nowhere* zespołu **Ride**, postanowiłem założyć zespół. To był początek mojej fascynacji shoegaze'em. Za przełomowe płyty z tego gatunku uważam *Loveless* My Bloody Valentine, *Everything's Alright Forever* The Boo Radleys (trąbka z utworu *Spaniard* była dla mnie inspiracją dla trąbki z piosenki *Maj* Myslovitz) i wielu innych.

Znaczące wtedy dla mnie były takie grupy, jak The Housemartins i ich płyta *Now That's What I Call Quite Good*, The House of Love, The Stone Roses, The High i płyta *Somewhere Soon*, Inspiral Carpets, Happy Mondays, Pulp, The Charlatans, The Auteurs. Boże, jak bardzo chciałem wyglądać tak jak oni...

7. Lloyd Cole to człowiek renesansu. W zasadzie niemodny, grający cały czas tak samo, ale pięknie. Urzekający. Moja przygoda z nim zaczęła się od płyty *Love Story*, ale moim ulubionym albumem Cole'a jest *Don't Get Weird on Me Babe.*

8. Slowdive – kocham ten band, szczególnie za dwie płyt: *Just for a Day* i *Souvlaki.*

9. *Screamadelica* zespołu **Primal Scream** przez długi czas była ścieżką dźwiękową mojej codzienności. Podobnie działał na mnie *Blood Music* zespołu Chapterhouse.

10. *Grace* **Jeffa Buckleya** – ta płyta ukazała się w czasie, kiedy z Myslovitz kończyliśmy nagrywać swój debiut. Gdy ją usłyszałem, poczułem, jak przygniata mnie talent tego człowieka oraz że artystycznie jestem nikim.

11. Stereolab to jeden z najważniejszych zespołów lat dziewięćdziesiątych. Wszystko, od debiutu do płyty *Cobra and Phases*... z 1999 roku, jest dla mnie do dzisiaj inspirujące. Wtedy słuchałem też Belle And Sebastian, Radiohead, Manic Street Preachers.

12. Low był kwintesencją tego, co w muzyce lubiłem najbardziej – głębokiego smutku. Myślę, że gdyby nie Low, to nie byłoby Lenny Valentino. Kiedy tworzyłem ten zespół, słuchałem też **Vincenta Gallo** *When* i *Day and Night* **Movietone**. Często chodziłem nocą po moim osiedlu i słuchałem tego na przemian z *Museum of Imaginary Animals* zespołu **Pram**, skąd zapożyczyłem loop do piosenki *Jesteśmy dla siebie wrogami*.

13. *Is a Woman* **Lambchop**. Współczesną muzyką country zacząłem się interesować parę lat wcześniej. Najpierw usłyszałem amerykański **Cracker** (*Big Dipper* – piękny numer z płyty *The Golden Age* i **The Jayhawks** oraz jego dwie pierwsze płyty *Hollywood Town Hall* i *Tomorrow the Green Grass* – słucham tego często do dzisiaj. Jednak Lambchop uznaję za ulubiony być może dlatego, że widziałem ich koncert po wydaniu tej płyty. To było na Montreux Jazz Festival w Szwajcarii, gdzie grałem z Myslovitz. Występowali tego samego dnia na tej samej scenie z Mercury Rev, którzy byli tuż po wybitnym albumie *Deserter's Songs*. Płyta piękna, ale jak zobaczyłem Kurta Wagnera na scenie, to przeżyłem te piosenki dziesięć razy mocniej. Był taki moment, że na końcu Wagner wszedł na krzesło, tak jak Robin Williams w *Stowarzyszeniu Umarłych Poetów*. Pamiętam, że płakałem, oglądając tę scenę.

14. Bon Iver i płyta *For Emma, Forever Ago*. Widziałem go na żywo tuż po premierze albumu. Nikt wcześniej mnie tak nie oczarował.

15. Ostatnio słucham mnóstwo jazzu. To jest wręcz obsesja – również mojej żony. Moja przygoda z jazzem zaczęła się od **Milesa Davisa**. Chyba dlatego, że wydawał w Sony Music, a ja, będąc w Sony z Myslovitz, miałem okazję bywać w ich magazynach z płytami bardzo często... Potem był **John Coltrane**. Z tych dwóch to ten drugi działa na mnie dzisiaj mocniej. Coltrane to geniusz. Tak samo jak Chet Baker, Bill Evans, Cannonball Adderley, Ahmad Jamal czy Ornette Coleman. Lubię też Krzysztofa Komedę.

Mam ogromną słabość do starszych amerykańskich wokalistów. Lubię Ninę Simone, Johnny'ego Hartmana z Coltranem, Chata Bakera i genialną Jo Stafford, której piosenką *No Other Love* często kończę koncerty.

16. *Carrie & Lowell* **Sufjana Stevensa** to jest rzecz, której słucham teraz. I to bardzo często.

17. Arvo Pärt – *Alina* to wybitna płyta. Jego *Stabat Mater* zaczynałem wszystkie koncerty z pierwszej solowej płyty. Z kompozytorów młodszego pokolenia najczęściej słucham **Maxa Richtera**. Niewiele brakowało, a zostałby producentem mojej solowej płyty. Jakiś czas korespondowałem z nim na ten temat, bo podobała mi się jego produkcja z Vashti Bunyan. Ale potem mój pomysł na płytę powędrował w zupełnie inną stronę.

20. THE BEST OF ARTUR ROJEK

Teksty piosenek pisze z trudem, tygodniami, nawet miesiącami. O przemijaniu, cierpieniu, miłości, samotności, dzieciństwie. Braku bezpieczeństwa i strachu przed starością. Intymne, w zbliżeniu pokazują to wszystko, co obchodzi człowieka. Często przestają być tylko tekstami piosenek, a stają się wierszami.

Oto wybór najlepszych z ostatnich szesnastu lat.

DLA CIEBIE

Dla Ciebie mógłbym zrobić wszystko, co zechcesz,
powiedz tylko.
Naprawdę na dużo mnie stać.

Dla Ciebie mógłbym wszystko zmienić,
mógłbym nawet uwierzyć.
Naprawdę na dużo mnie stać.

Dla Ciebie zrywam polne kwiaty,
szukam tych najrzadszych.
Naprawdę na dużo mnie stać

Najchętniej zamknąłbym Cię w klatce,
bo kocham na Ciebie patrzeć.
Naprawdę na dużo mnie stać.

To wszystko, czego chcę,
to wszystko, czego mi brak,
to wszystko, czego ja nigdy nie będę miał...
To wszystko, czego chcę,
to wszystko, czego mi brak,
to wszystko, czego ja nigdy nie będę miał...

Otwórz oczy, zobacz sam, przed nami mgła...

Dla Ciebie mógłbym zrobić wszystko, co zechcesz,
powiedz tylko.
Naprawdę na dużo mnie stać.

Przez Ciebie wpadłem w głęboką depresję,
już teraz nie wiem, kim jestem,
bo naprawdę na dużo mnie stać.

To wszystko, czego chcę,
to wszystko, czego mi brak,
to wszystko, czego ja nigdy nie będę miał...

Otwórz oczy, zobacz sam, przed nami mgła...
Zamykam oczy. Nie chcę widzieć, nie chcę czuć,
czy to koniec już?

To koniec już...

z płyty *Miłość w czasach popkultury* zespołu Myslovitz
1999 r.

NIENAWIŚĆ

I nagle skończy się to wszystko, w co wierzysz,
co kochasz, zasypie śnieg.
Dziki uniesie cię wiatr, upuści cię, nagle uderzysz,
ufałeś mu tak.

Ale ty nigdy nie poddasz się...
Ale ty nigdy nie poddasz się...

Nie wierz nigdy, nie w tych, co ciągle udają
i ciągle uśmiechają się.
Nie wierz nigdy, nie w to niebo, które zawsze
niebieskie jest.

Ale ty nigdy nie poddasz się...
Ale ty nigdy nie poddasz się...

Chcesz zabić i zniszczyć, zniewolić nienawiść, ja też.
Chcesz zabić i zniszczyć, zniewolić nienawiść, ja też.
Chcesz zabić i zniszczyć, zniewolić nienawiść, ja też.
Chcesz zabić i zniszczyć, zniewolić nienawiść, ja też.

z płyty ***Miłość w czasach popkultury***

TRUJĄCE KWIATY

Trujące kwiaty, trujące liście drzew...
Trujące róże pną się wokół mnie.

Białe motyle, białe słodkie ćmy.
Niewinne bez skrzydeł, niewinne tak jak ty.

Trujące kwiaty, trujące liście drzew...
Anioły bez twarzy, demony wokół mnie.

z płyty *Uwaga, jedzie tramwaj* zespołu Lenny Valentino
2001 r.

DLA TATY

Dotknij mnie, dotknij mej twarzy,
zobacz, jak zimna jest, gdy nie patrzysz...
Zabierz mnie, prowadź mnie dalej,
podaj mi rękę, nim całkiem zwiędnę...

Zgubiłem siebie, a wszystkie złe kwiaty rosną na ciele,
gdy na mnie nie patrzysz,
z każdym dniem jest ich więcej,
więcej niż mnie, więcej niż mnie...

On mówił do mnie – zapomnij o mnie,
nie patrz już na mnie i nie mów o sobie.
Zapomnij, kim byłem, kim jestem, kim będę,
zapomnij na zawsze i nie mów nic więcej...

z płyty *Uwaga, jedzie tramwaj*

CHŁOPIEC Z PLASTELINY

Światło gwiazdki na pościeli,
misie moje śpią na ziemi, milczą całą noc.
Nocą modlę się, dziadek głaszcze mnie.

Każdej wiosny dmucham w świeczki,
wielki tort jem, żółty sernik,
piję koktail ze snów, moje urodziny są.
Z plasteliny lepię dom.

Dżem, kakao, pomarańcze,
telewizor, w którym tańczę,
za mym oknem stoi cyrk, chuda żyrafa jest
i ślepy słoń jest też.

Mali chłopcy z piaskownicy,
przyjaciele, lecz złośliwcy,
kradną jabłka z drzew, lato kończy się,
kasztany gniją, pada śnieg.

z płyty *Uwaga, jedzie tramwaj*

KARUZELE, SKUTERY, RODEO

Wielki dzień, wszystkie dzieci cieszą się,
krzywe lustro straszy mnie, diabły taty boją się,
bardzo boją...

Wielki dzień i wielka chwila, wrzawa śmiechów
lęk ukryła.
Pędzą mali na rowerach, pędzą mali w karuzelach.
Kolorowe baloniki, sztuczne kwiaty na strzelnicy.
Pędzą mali na rowerach, pędzą mali w karuzelach.

Wielki dzień, wszystkie dzieci bawią się,
biały klaun woła mnie, a ja klaunów boję się,
bardzo boję...

Wielki dzień i wielka chwila, wrzawa śmiechów
lęk ukryła.
Pędzą mali na rowerach, pędzą mali w karuzelach.
Kolorowe baloniki, sztuczne kwiaty na strzelnicy.
Pędzą mali na rowerach, pędzą mali w karuzelach...

Wielki dzień, wszystkie dzieci cieszą się.

Wszystkie dzieci bawią się, bo to wielki dla nich dzień.
Wielki dzień...

z płyty *Uwaga, jedzie tramwaj*

ZNISZCZYŁAŚ TO CZY ZNISZCZYŁEM TO JA

Zniszczyłaś to czy zniszczyłem to ja?
Tak jakby nic nakrywasz obrusem stół.
Zamykam drzwi ostatni raz.
Odwracam się, a droga się kończy i wszystko się kończy
tam, gdzie nie ma Cię, tam, gdzie nie ma nic już dla
mnie takiego dużego znaczenia...

Siedzę sam w pokoju bez ścian.
Na białych drzwiach widać ślady wczorajszej miłości.
Szary dym, on zmienia mnie w pył.
Otwieram drzwi, a droga się kończy i wszystko się
kończy tam, gdzie nie ma Cię, tam, gdzie nie ma nic
już dla mnie takiego dużego znaczenia...

Tam, gdzie nie ma Cię, tam, gdzie nie ma nic już dla
mnie takiego znaczenia...
bo nie ma Cię, nie ma nic...

z płyty *Uwaga, jedzie tramwaj*

DIG I DIN

Trzecie piętro, szary blok,
na dachu ona i on
i Leslie Ash z Quadrophrenii.
Historia Diga i Din,
wątpliwość w niej i w nim.
Ciekawe, czy coś się zmieni?

Słuchali tych samych płyt,
niepoprawni Dig i Din
z trzydziestoma latawcami.
I lepiej się czuję,
gdy staję się częścią ich
kończącej się dobrze historii...

Samotność działa coraz silniej...
Wspomnienia są jak balsam dla rąk.
Samotność działa coraz silniej,
gdy coraz bardziej wrastam w nią.

z płyty *Smolik 2* Smolika
2003 r.

ŻYCIE TO SURFING

Zmęczona noc, wymięta biel i słońce, choć blade,
tak pali mnie...
Ktoś wygrał wyścig, ktoś złamał się.
Wygodniej nie wiedzieć, jak naprawdę jest.

Wstawaj! Życie to surfing, więc nie bój się fal.
Wstawaj! Życie to surfing, więc nie bój się fal.

Powoli zmywam z siebie lęk, nawilżam twarz
szczęściem, odstawiam zgiełk...
I już w objęciach nowego dnia zamieniam wstyd
w dumę, podnoszę się...

Wstawaj! Życie to surfing, więc nie bój się fal.
Wstawaj! Życie to surfing, więc nie bój się fal.

z płyty *Życie jak surfing* zespołu Myslovitz
2004 r.

W DESZCZU MALEŃKICH ŻÓŁTYCH KWIATÓW

Pójdziemy ze sobą powoli obok do końca wszystkiego,
żeby zacząć na nowo.
Bez słowa i snu w zachwycie nocą,
a bliskość rozproszy nasz strach przed ciemnością.

Będziemy tam nago biegali po łąkach,
okryją nas drzewa, gdy zajdą wszystkie słońca.
I czując cię obok, opowiem o wszystkim,
jak często się boję i czuję się nikim.

Twoje łzy miażdżą mi serce.
I opadam, i wzbijam się, i ciągle chcę więcej.

Po drugiej stronie na pustej drodze tańczy mój czas,
w strugach deszczu dni toną, dotykam stopą dna.
Po drugiej stronie na pustej drodze czy to ty?
Ktoś głaszcze mnie po włosach, nie mówiąc prawie nic.

Pójdziemy ze sobą powoli obok do końca wszystkiego,
żeby zacząć na nowo.
W deszczu maleńkich żółtych kwiatów, w spokoju
przy sobie, nie czując czasu.

Twoje łzy miażdżą mi serce.
I usycham, i kwitnę, i ciągle chcę więcej.

Po drugiej stronie na pustej drodze tańczy mój czas,
w strugach deszczu dni toną, dotykam stopą dna.
Po drugiej stronie na pustej drodze czy to ty?
Ktoś głaszcze mnie po włosach, nie mówiąc prawie nic.

z płyty ***Happiness Is Easy*** zespołu Myslovitz
2006 r.

KILKA UŚCISKÓW, KILKA SNÓW

Zastygła w pozach jesień,
autobus pędzi po brzegi wypchany zmęczeniem.
Trzymając cię za rękę,
brak entuzjazmu odbierasz jak opuszczenie.

Rozmowa pustych krzeseł,
gubiąc siebie, trudno cokolwiek powiedzieć.

Odkąd pamiętam, to wciąż po coś wracam,
z celnością męcząc się słów.
Odkąd pamiętam, mówiłaś mi zawsze,
jesteś całym moim światem.
Gdy ja nie mogłem znieść myśli, że cię tracę.
Już wiem...

Migoczą resztki miasta, jest późna noc,
pod nami chłodna trawa.
Jedyna taka chwila.
Kocha się wszystko, bo wszystko szybko przemija.

Mówiłaś mi zawsze, jesteś całym moim światem.
Gdy ja nie mogłem znieść myśli, że cię tracę.
Już wiem...
Mówiłaś mi zawsze, jesteś całym moim światem.
Gdy ja nie mogłem znieść myśli, że cię tracę.

I wiem, że cokolwiek się stanie, gdzie tylko będziesz,
to ja, bez względu na wszystko, też tam będę.

z płyty ***Happiness Is Easy***

MIEĆ CZY BYĆ

Strach przed lataniem i głód doświadczeń.
Wstyd przed mówieniem sobie „nie wiem".
Ogromna siła wyobrażeń.
To nie przypadek, że jesteśmy razem.

Już teraz wiem, wszystko trwa, dopóki sam tego chcesz.
Wszystko trwa, sam dobrze wiesz...
że upadamy wtedy, gdy nasze życie przestaje być
codziennym zdumieniem...

Kolejna strona: „mieć czy być"?
Czy Erich Fromm wiedział, jak żyć?
W rzeczywistości ciągłej sprzedaży,
gdzie „być" przestaje cokolwiek znaczyć.

Już teraz wiem, wszystko trwa, dopóki sam tego chcesz.
Wszystko trwa, sam dobrze wiesz...
że upadamy wtedy, gdy nasze życie przestaje być
codziennym zdumieniem...

Już teraz wiem...

z płyty ***Happiness Is Easy***

W DRODZE

Senne dni, w takiej ciszy, gdy
zwyczajnie nikt nie lubi pustki.
I parę słów z jeszcze śpiących ust;
najlepiej wcale bym nie mówił.

W drodze bez wytchnienia
ciągle bledną przeszłe dni,
z nadzieją w sobie.
W drodze myśli pełne wspomnień,
do ostatnich chwil...
Tam już tylko my...

Senne dni, w takiej ciszy, gdy
już dawno śnieg zasypał okna.
Tutaj ja, z drugiej strony Ty,
będę przy Tobie aż do końca.

W drodze bez wytchnienia
ciągle bledną przeszłe dni,
z nadzieją w sobie.
W drodze myśli pełne wspomnień,
do ostatnich chwil...
Tam już tylko my...

piosenka promująca film *Hania*
w reżyserii Janusza Kamińskiego
2007 r.

MÓJ TATA GENERAŁ

Pełen blasku był nasz dom,
konwalie kwitły w nim.
Piath śpiewała w każdą noc,
nikt nie liczył dni.

Gdy byłem mały,
wierzyłem, że
odchodzą inni,
inni – Ty nie.

W myślach tylko Ciebie mam,
na policzkach łzy.
Wszędzie pusto tak...

Chciałbym znów zawrócić czas,
popatrzeć z bliska.
Chciałbym ten ostatni raz,
nim zabiorą wszystko.

Gdy byłem mały,
wierzyłem, że
odchodzą inni,
inni – Ty nie.

W myślach tylko Ciebie mam
i zawsze będę tu
czekał z całych sił...

piosenka promująca film *Generał Nil*
w reżyserii Ryszarda Bugajskiego
2009 r.

SZNUR

Pełen przerażenia czas przed końcem
Miłość, nostalgia, paranoje
Unosi mnie nadzieja, po czym zgniata mnie złość
Dla ciebie to zabawa, gdy ja się topię

Już czas, kochanie, patrz
Pęka mocny sznur
Spadam, spadam
Już czas, kochanie, spójrz
Koniec jest gdzieś tu
Dla nich, dla nas

Ukradkiem spoglądam w twoje oczy
Pełno w nich mojej zazdrości
Zniszczyć, odepchnąć, by na końcu zostać sam
Smutne to jak zgniatanie kwiatów w książce

Już czas, kochanie, patrz
Mocno trzymaj mnie
Spadam, spadam
Już czas, kochanie, spójrz
Nie wiem już
Czy wciąż żyję, czy wspominam?

2012 r.

KOT I PELIKAN

Z braku słów nie lubię w górę, lubię w dół
wśród białych lamp.
Kiedy sam niewiele w sobie siebie mam,
połykam wiatr.

Mimochodem czując, że z każdym dniem
mam coraz mniej.
Czas przemija, pamięć nie.
A gdy słyszę Franka płacz, pelikanem mknę
przez park.
Nie musisz trzymać, jadę sam.
Mimochodem czując, że...

Z braku słów czasami czuję się jak tchórz.
W cieniu palm...
Gruby kot głaszcze swój puszysty brzuch,
patrząc jak...

Mimochodem czuję, że z każdym dniem
mam coraz mniej.
Czas przemija, pamięć nie.
A gdy słyszę Franka płacz, pelikanem mknę
przez park.
Nie musisz trzymać, jadę sam.

Mimochodem czuję, że...
Mam coraz mniej...

z płyty ***Składam się z ciągłych powtórzeń*** Artura Rojka
2014 r.

CZAS, KTÓRY POZOSTAŁ

Zepchnij mnie w otchłań, zepchnij z tej drogi.
W ciemny korytarz, w sam środek nocy.

Na zawsze unieść sobą
smutek chwili, daję słowo.
Nie pozwolę Ci mnie opuścić,
nawet gdybym miał się zgubić.

Na zawsze zostać razem
w milczeniu i bezwładnie
mieć siebie, resztę spalić,
aż zostanie tylko to, co pomiędzy nami.

Nawet jeśli to nie to,
usiłuję uwierzyć w coś.
Nawet jeśli to nie tu,
usiłuję uwierzyć w coś.

Złap mnie za włosy, złap mnie i ciągnij.
Nie daj wytchnienia, nie miej litości.

Na zawsze unieść sobą
smutek chwili, daję słowo.
Nie pozwolę Ci mnie opuścić,
nawet gdybym miał się zgubić.

Na zawsze zostać razem
w milczeniu i bezwładnie
mieć siebie, resztę spalić,
aż zostanie tylko to, co pomiędzy nami.

Nawet jeśli to nie to,
usiłuję uwierzyć w coś.
Nawet jeśli to nie tu,
usiłuję uwierzyć w coś.

z płyty ***Składam się z ciągłych powtórzeń***

KRÓTKIE MOMENTY SKUPIENIA

Krótkie momenty skupienia,
rakieta i lukrowy tort.
Pozwól być mi gdzie Ty, Ty, Ty,
nie zostawiaj, gdy noc, noc, noc.

Źle, źle, Boże, wszystko źle,
w głowie szkło mi się wierci, szkło mi się wierci.
Nie patrzę, nie dotykam się,
w niepewności tkwię.

Czekam i nic z nadziei,
czekam bardziej niż Ty.
Czekam, aż wszystko minie,
czekam bardziej niż Ty.

Składam się z ciągłych powtórzeń,
jedno mrugnięcie na tak.
Są oni, jesteś Ty, to takie szczęście,
dwa mrugnięcia na nie.

Świadomość, że Cię nikt nie usłyszy,
jedno mrugnięcie na tak.
Gdy nie ma nikogo,
boję się siebie.

Czekam i nic z nadziei,
czekam bardziej niż Ty.
Czekam, aż wszystko minie,
czekam bardziej niż Ty.

Czekam i nic z nadziei,
czekam bardziej niż Ty.
Czekam, aż wszystko minie,
czekam bardziej niż Ty.

z płyty ***Składam się z ciągłych powtórzeń***

BEKSA

BEKSA!

Mam dosyć wspomnień,
że ktoś mnie goni,
że brak mi tchu

BEKSA!

Wciąż słyszę
i zasłaniam się, zasłaniam się.
Zawinięty w środek, z cieniem wokół powiek,
strach rozpycha, zaciśnięte dłonie

BEKSA!

Podobno, gdy umierasz,
lecisz, sobie lecisz

BEKSA!

Już, już, już,
nie wytrzymuję tempa,
wszystko, kurwa, skręca

BEKSA!

Straszna chała, w głowie
więdną nasze lilie, więdną, gdy odchodzisz

Tak mam
Nie rozmawiam z nikim, z nikim się nie dzielę
Tak mam
Zachowaj resztę, wynoś się ze mnie
Tak mam
Nie rozmawiam z nikim, z nikim się nie dzielę
Tak mam
Zachowaj resztę, wynoś się, wynoś

BEKSA!

Mam dosyć wspomnień
Z trudem ogarniam własny dom
Mógłbyś zapamiętać, mnie innego, mnie innego

Już, już, już,
na twarz nakładam brokat,
mylą mi się słowa

BEKSA!

z płyty ***Składam się z ciągłych powtórzeń***

LATO '76

Lato '76
Niewiele chciałem mieć.
Gdybyś nie zahamował,
nie byłoby mnie...

Lato '76
Całe życie było przed.
Wracają pijani chłopcy,
znam ich cień...

Całą swoją złość
kieruję dziś do Ciebie.
Nie chcę nic.
Kiedy chcesz zadowolić mnie milczeniem...

Lato '76
Mówisz, w życiu trzeba być kimś.
Czy odejdziesz, gdy będę nikim?
Powiedz mi...

Lato '76
Niewiele chciałem mieć.
Gdybyś nie zahamował,
nie byłoby mnie...

Całą swoją złość
kieruję dziś do Ciebie.
Nie chcę nic.
Kiedy chcesz zadowolić mnie milczeniem...

Całą swoją złość
kieruję dziś do Ciebie.
Całym sobą czuję to,
gdy podnosisz na nią rękę.

z płyty ***Składam się z ciągłych powtórzeń***

Park w Chorzowie, 1975

Na wakacjach

Z tytą (tak na Śląsku nazywa się
róg obfitości ze słodyczami)
w pierwszej klasie.

Sekcja pływacka klubu sportowego przy kopalni Mysłowice, 1985.
Najwyższy w ostatnim rzędzie, z nagim torsem, trener Lechosław Konieczny.

Zespół Myslovitz, 1994.
Od lewej: Wojtek Kuderski,
Artur Rojek, Wojtek Powaga,
Jacek Kuderski

Zespół Lenny Valentino. Od lewej: Artur Rojek, Jacek Lachowicz, Maciej Cieślak i Mietall Waluś

Koncert Lenny Valentino w Zabrzu, 2001

Fani zespołu podczas koncertu na OFF Festivalu, 2006

Z Anią nad polskim morzem,
1995

Nowy Jork, 2014

Z Anią, Frankiem i Antosiem
– zdjęcie zrobione komórką podczas
wakacji na Bornholmie, 2013

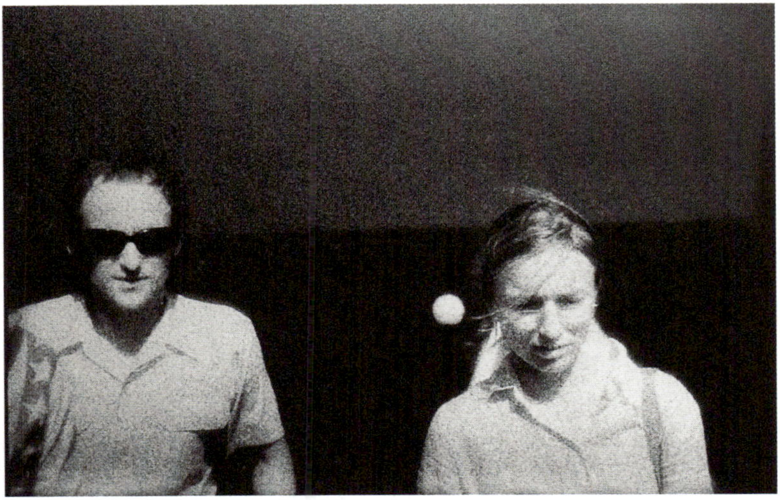

Świnoujście, 2001

Namibia, 2004

Z synami na Bornholmie,
2013

Sultan w stanie Washington,
Stany Zjednoczone, 2014

Republika Południowej
Afryki, 2004

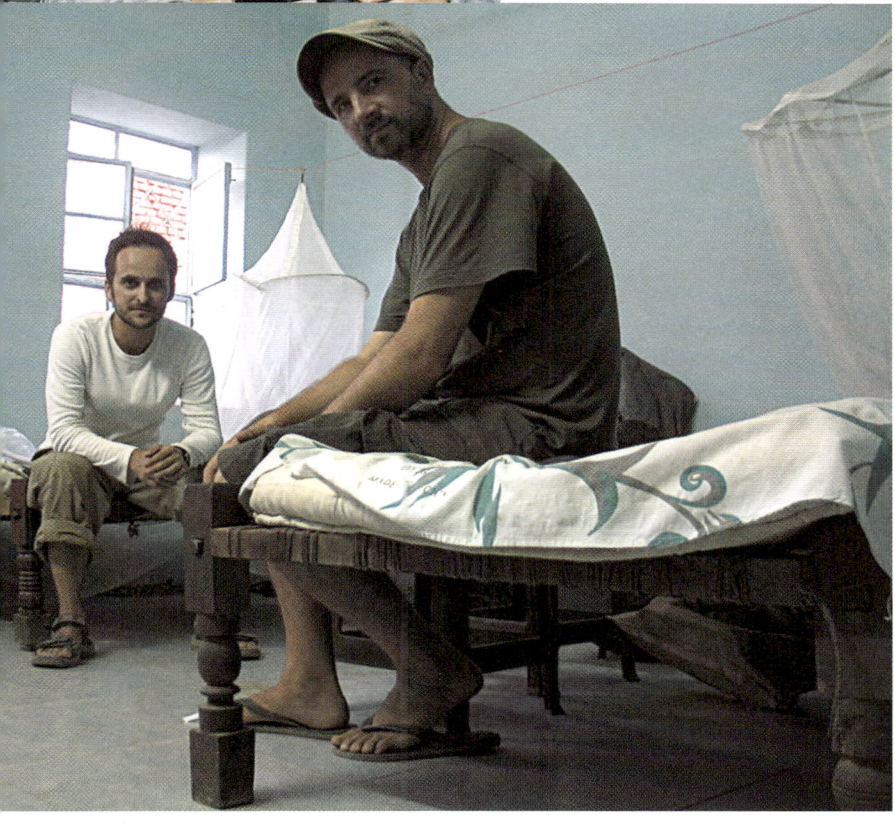

Z fotografem Jackiem Porembą
podczas wyprawy do Sudanu,
Omdurman, 2008

Z Jarkiem Szubrychtem, przyjaciółkami Abil Done i Mellisą Flynn oraz Pawłem Kucharskim, Seattle, 2014

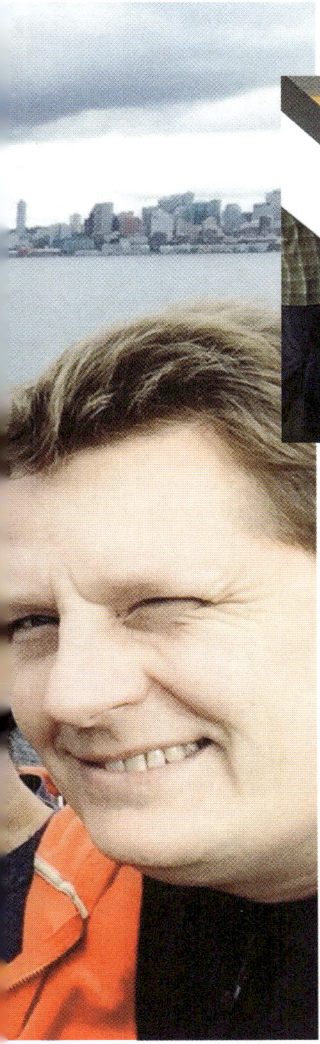

Z Jonathanem Ponemanem,
współzałożycielem kultowej wytwórni
muzycznej Sub Pop w Seattle
– wydawcą m.in. płyt Nirvany
i Soundgarden

Przed ulubionym sklepem
muzycznym Sonic Boom,
Seattle, 2013

Maraton w Poznaniu, 2001

Po maratonie w Portland
z Anią i jej bratanicą, 2008

Z Andrzejem Smolikiem podczas koncertu w warszawskim Teatrze Syrena z okazji 80. urodzin Kazimierza Kutza, 2009

Z Katarzyną Nosowską, Top Trendy, 2013

Z Markiem Niedźwieckim
w radiowej Trójce, 2001

Próby przed nagraniami do płyty
Składam się z ciągłych powtórzeń

OFF Festival, scena główna,
Katowice, 2014

Franek z zespołem Metz,
OFF Festival 2014

Męskie Granie,
Wrocław, 2015

Primal Scream grający album
Sceamadelica, OFF Festival, 2011

The Flaming Lips, OFF Festival, 2010

CCCP

Próba przed nagraniami
do płyty *Składam się*
z ciągłych powtórzeń

Czorsztyn.
Tu powstawała
część tekstów
na płytę
*Składam się
z ciągłych
powtórzeń*

Lesław Matecki, Artur Rojek, Marcin Ułanowski, Kasia Piszek i Tomek Kasiukiewicz

Beksa na OFF Festivalu
z towarzyszeniem chóru
Jutrzenka z Nakła Śląskiego,
2014

Podczas trasy koncertowej
promującej album *Składam
się z ciągłych powtórzeń*

Spis treści